MXNet을 활용한
신경망 학습

MXNet을 활용한 신경망 학습

신병춘
차병래

전남대학교출판문화원

최근 4차 산업혁명의 패러다임 변화와 더불어 대내외적으로 제4차 산업혁명 관련 전략과제를 발굴하고 있다. 특히 많은 수학자들을 제4차 산업혁명의 근본적인 연구의 주요 연구자로 흡입하는 정책을 펼치는 등 수학의 역할이 점차적으로 산업 및 경제에 기여하는 바가 커지고 있다.

최근, 아마존 CTO 워너 보겔스는 MXNet이 '아마존이 선택한 딥러닝 프레임워크'가 될 것이라고 밝혔는데, 인공신경망을 공부하는 학생들이 텐서플로우, 테아노, 토치, 카페 등과 같은 다양한 딥러닝 프레임워크와 비교하여 장점이 훨씬 더 많은 MXNet을 선택하여 공부하는 것이 더 효율적일 것이다. 이러한 상황에서 공학이나 자연과학을 공부하는 학생들에게 MXNet을 활용한 인공신경망 학습 교재를 개발하여 산업체, 학계, 연구소 등에서 필요한 신경망 및 Deep Learning을 위한 수학적 백그라운드와 프로그램 개발 등을 위한 전문 도서를 집필하고자 한다.

딥러닝 기술의 진보와 다양한 영역에 기계 학습용 프로그래밍 도구들이 개발되고 있으나, 산업계 및 학계에 널리 알려지지 않은 최신 기계 학습 도구이자 아마존이 딥러닝 플랫폼으로 선택한 MXNet의 사용법과 프로그램 개발방법을 소개하고자 한다.

최근에 개발된 학습 도구인 MXNet이 앞으로 가장 널리 사용될 프레임에도 불구하고 이를 활용한 교재는 아직 전무한 상태이므로 본 교재는 매우 유용하게 사용될 것이다. 이 책의 구성은 1장에서는 설치를 다루고, 2장에서는 아주 간단한 수학 관련 예제들을 파이썬으로 작성하는 방법을 보여준다. 이러한 내용은 다른 많은 교재를 활용하는 것도 좋을 것으로 보인다. 특히 2장의 핵심은 최적화 문제 해결을 위한 경사하강법의 이해에 있다 할 것이므로 경사하강법은 꼭 이해하는 것이 필요할 것이다. 이 책의 중심은 3장의 신경망 이해부터 시작하는 것으로 볼 수 있다. 경사하강법을 바탕으로 오차 역전파법을 사용한 인공신경망을 이해하고 실제 구현하는 과정을 설명한다. 계속해서 MXNet을 사용하여 인공신경망을 다루는 방법을 알아볼 것이다. 마지막으로 수학의 위상수학을 응용하여 개발된 위상기반 데이터 해석(Topological Data Analysis) 툴을 소개하고자 한다.

Chapter 1. 파이썬 배우기 11

1.1 파이썬 설치하기 11
1.2 파이썬의 matplotlib 14
1.3 파이썬의 수학 함수 16
1.4 파이썬의 Numpy 라이브러리와 파이썬의 Scipy 라이브러리 17

Chapter 2. 파이썬으로 풀어보는 수학 22

2.1 matplotlib_venn과 sympy 설치하기 22
2.2 벤-다이어그램 22
2.3 데이터 가시화 - SymPy를 이용한 그래프 그리기 24
2.4 통계와 확률 28
2.5 미적분 31
2.6 프렉탈 33
2.7 최적화 문제와 경사하강법 36

Chapter 3. 신경망의 이해 42

3.1 간단한 예측자 42
3.2 분류자 44
3.3 신경망의 전달 함수 46
3.4 신경망의 가중치 48
3.5 신경망의 구조 50
3.6 가중치의 학습과 오차역전파법 52

Chapter 4. 신경망의 이해 Ⅱ ········ 58

4.1 인공 신경망의 기본 프레임 만들기 ········ 58
4.2 신경망 초기화 ········ 60
4.3 신경망의 가중치 ········ 61
4.4 신경망의 예측 ········ 63
4.5 신경망의 학습 ········ 65
4.6 신경망의 실행 ········ 69

Chapter 5. MXNet 소개 및 설치하기 ········ 74

5.1 MXNet 소개 ········ 74
5.1.1 MXNet System Architecture ········ 74
5.1.2 MXNet를 사용한 딥러닝의 장점 ········ 75
5.2 MXNet 설치하기 ········ 76
5.3 MXNet의 Naive Bayes Classification ········ 78
5.4 샘플링과 분포 ········ 80
5.4.1 샘플링 ········ 80
5.4.2 Uniform Distribution ········ 81
5.4.3 The Categorical distribution ········ 83
5.4.4 The Normal distribution ········ 84
5.4.5 Central Limit Theorem ········ 85
5.5 Linear regression ········ 86
5.6 Multiclass logistic regression ········ 91
5.7 Multilayer Perceptrons ········ 95
5.8 Gradient descent and stochastic gradient descent ········ 99
5.9 Generative Adversarial Networks ········ 106
5.10 Bayes by Backprop ········ 112

Chapter 6. MXNet를 이용한 CNN ········ 120

6.1 Convolutional neural networks ········ 120
6.2 Deep convolutional neural networks ········ 125

Chapter 7. MXNet를 이용한 RNN ······ 129

7.1 Recurrent Neural Networks for Language Modeling ······ 129
7.2 Long short-term memory (LSTM) RNNs ······ 137

Chapter 8. MXNet를 이용한 컴퓨터 비전 ······ 150

8.1 Anchor Box ······ 150
8.2 Object detection using CNN ······ 152
8.3 Transfering knowledge through finetuning ······ 165

Chapter 9. TDA (Topology Data Analysis) ······ 174

9.1 PythonMapper ······ 174
9.1.1 PythonMapper의 Library 설치하기 ······ 175
9.2 TDAmapper: Topological Data Analysis using Mapper ······ 185
9.2.1 R 설치하기 ······ 185
9.2.2 관련 패키지 설치하기 ······ 187
9.2.3 TDAmapper의 예제들 ······ 189

참고사항 - H/W Spec의 문제 ······ 197

참고문헌 ······ 199

Chapter 1

파이썬 배우기

1.1 파이썬 설치하기

파이썬을 설치하기 위해서는 먼저, 파이썬의 공식 사이트(https://www.python.org/)에 접속한 후에, 사용 중인 시스템의 운영체제에 맞는 파이썬 버전을 다운로드 및 설치를 진행한다. 여기서는 윈도우 운영체제의 python 3.6.5 버전을 선택한다. 참고로, 파이썬 패키지 453개 정도를 포함하고 있는 아나콘다 배포판을 통하여 파이썬을 설치할 수도 있다.
(https://repo.continuum.io/archive/)

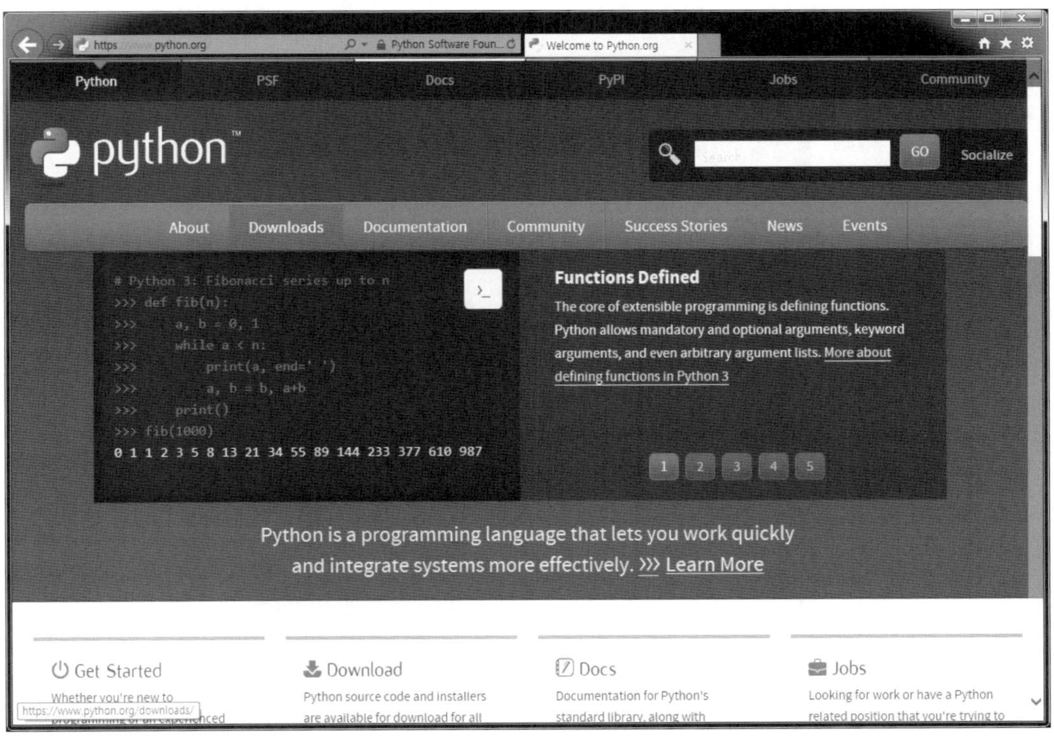

설치가 완료되면 윈도우의 시작 메뉴에서 Python 메뉴를 볼 수 있으며, 메뉴 중에서 IDLE (Python 3.6 64-bit)를 선택한다.

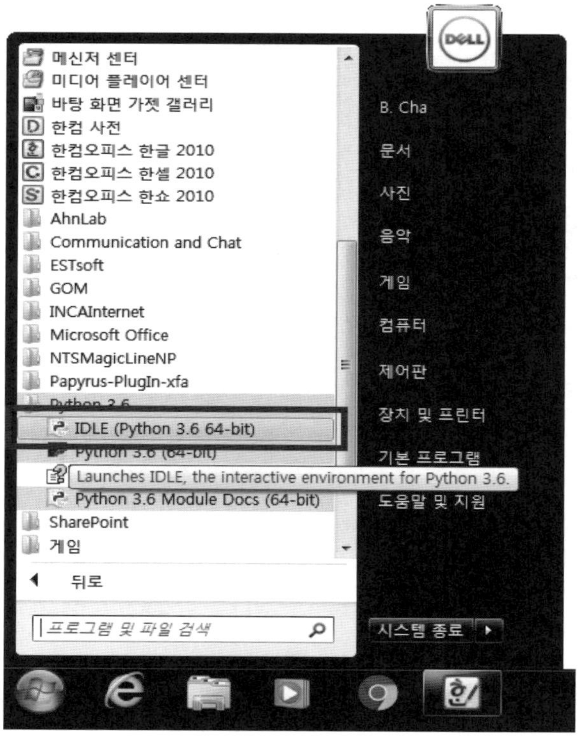

그러면, 다음의 그림과 같이 Python 3.6.5 Shell이 나타나게 되며, Python의 설치가 완료된 것이다.

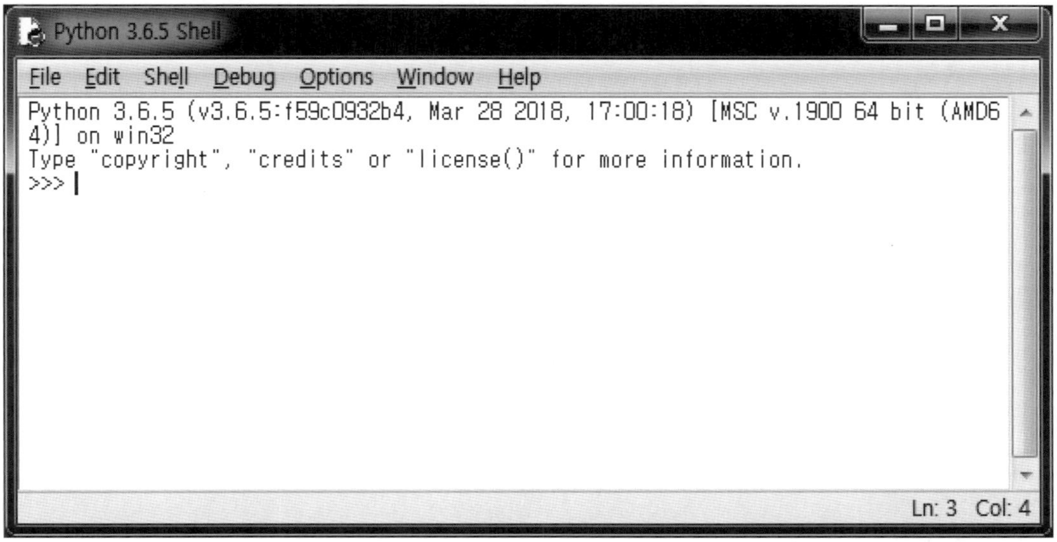

파이썬 셸을 이용하여 다음과 같은 기본적인 연산을 수행하여 본다.

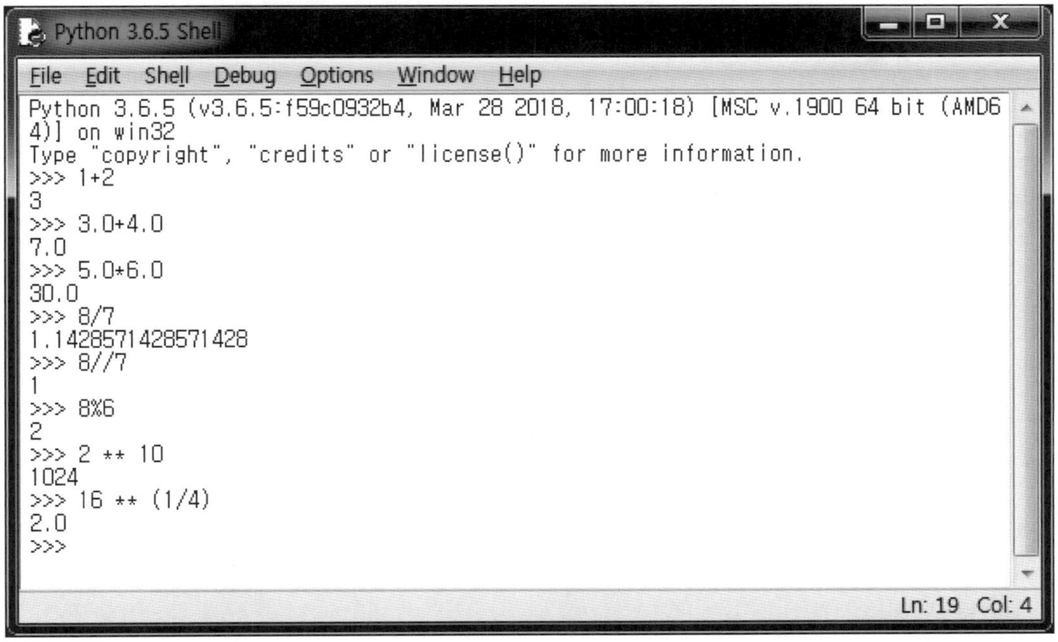

1.2 파이썬의 matplotlib

파이썬의 matplotlib 모듈은 그래프를 만드는데 유용하게 사용된다. 윈도우의 DOS 커맨드 창에서 다음의 명령어를 입력하여 matplotlib 모듈을 설치한다.

```
> python -m pip install matplotlib
```

x 변수와 y 변수에 값들을 할당한 후에 이 값들을 matplotlib 모듈을 이용하여 그래프로 나타내고자 한다. 파이썬 셸에서 다음과 같이 소스 코드를 입력하면 그래프로 확인이 가능하게 된다.

Source Code

```
import matplotlib
x = [1, 2, 3, 4, 5]
y = [2, 4, 6, 8, 10]
from pylab import plot, show
plot(x, y)
show()
```

Result

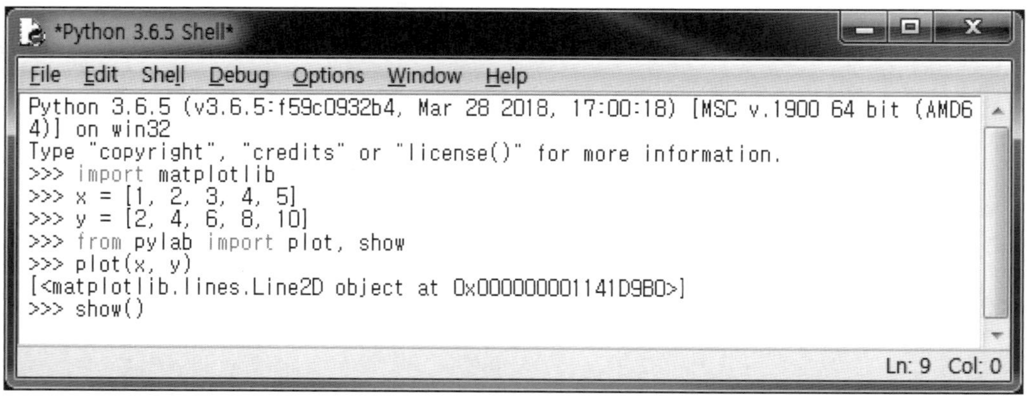

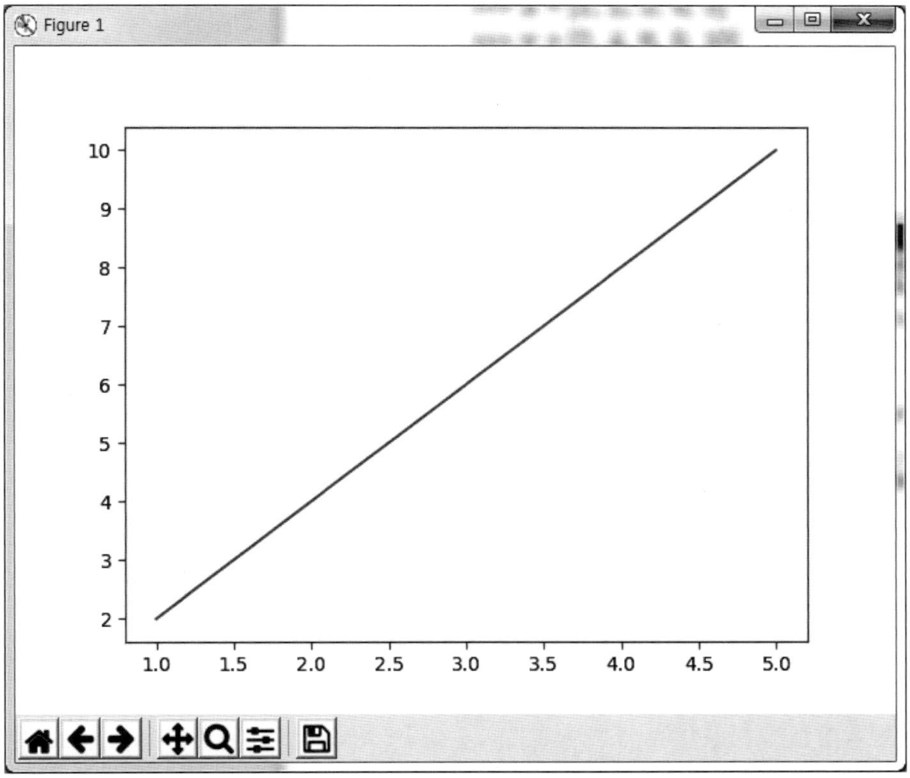

앞부분에서 x 변수와 y 변수에 값들을 할당한 후, 이 값들을 matplotlib 모듈을 이용하여 그래프로 나타내었다. 이번에는 그래프를 이미지로 저장하고자 하며, 파이썬 쉘에서 다음과 같이 소스 코드를 입력하면 이미지가 저장된다. 이미지가 저장된 폴더에서 저장된 Figure1.png 이미지의 확인이 가능하다.

Source Code

```
import matplotlib
from pylab import plot, savefig
x = [1, 2, 3, 4, 5]
y = [2, 4, 6, 4, 2]
plot(x, y)
savefig('C:\Figure1.png')
```

Result

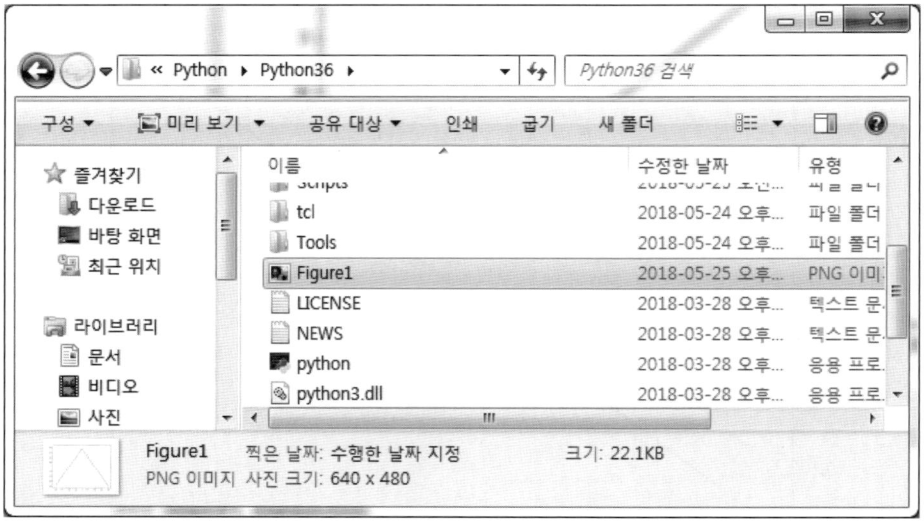

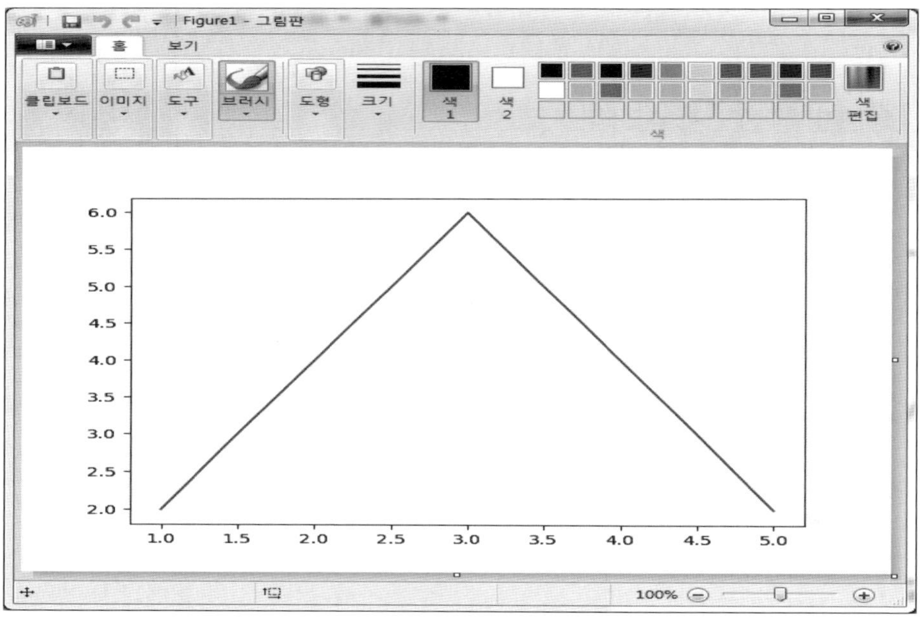

1.3 파이썬의 수학 함수

파이썬 표준 라이브러리 math에서 일반 수학 함수를 사용할 수 있으며, 다음의 파이썬 코드에서 삼각함수 $\sin\frac{\pi}{2}$ 값과 $\cos\frac{\pi}{2}$ 값을 출력하게 된다.

Source Code

```
import math
math.sin(math.pi/2)
math.cos(math.pi/2)
```

Result

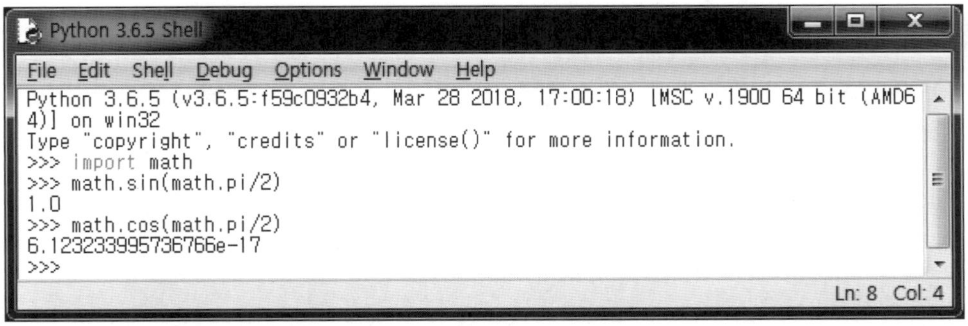

1.4 파이썬의 Numpy 라이브러리와 파이썬의 Scipy 라이브러리

일반수학 함수 외에도 고급수학 함수를 이용하기 위한 파이썬 표준 라이브러리 Numpy와 Scipy를 윈도우즈 커맨드 창에서 아래와 같이 입력하여 설치한다.

```
> python -m pip install numpy
> python -m pip install scipy
```

파이썬 표준 라이브러리 Numpy는 수치해석, 특히 선형대수(linear algebra) 계산을 위한 패키지이다. 자료형이 고정된 다차원 배열 클래스(n-dimensional array)와 벡터화 연산(vectorized operation)을 지원하며 수학 연산을 위한 패키지이다. 또한, 파이썬 표준 라이브러리 Scipy는 고급수학 함수, 수치적 미적분, 미분방정식 계산, 최적화, 신호 처리 등을 위한 다양한 과학기술 계산 기능을 제공하는 패키지이다.

설치 완료된 파이썬 표준 라이브러리 Numpy와 Scipy를 이용하여 간단하게 동작 여부를 확인한다. 먼저, 파이썬 표준 라이브러리 Numpy의 동작 여부를 확인하기 위하여 다음의 파이썬 코드를 커맨드 파이썬 쉘과 IDE 파이썬 쉘에 입력하여 본다.

Source Code

```
from numpy import *
random.rand(10)
random.rand(10,1)
```

Result

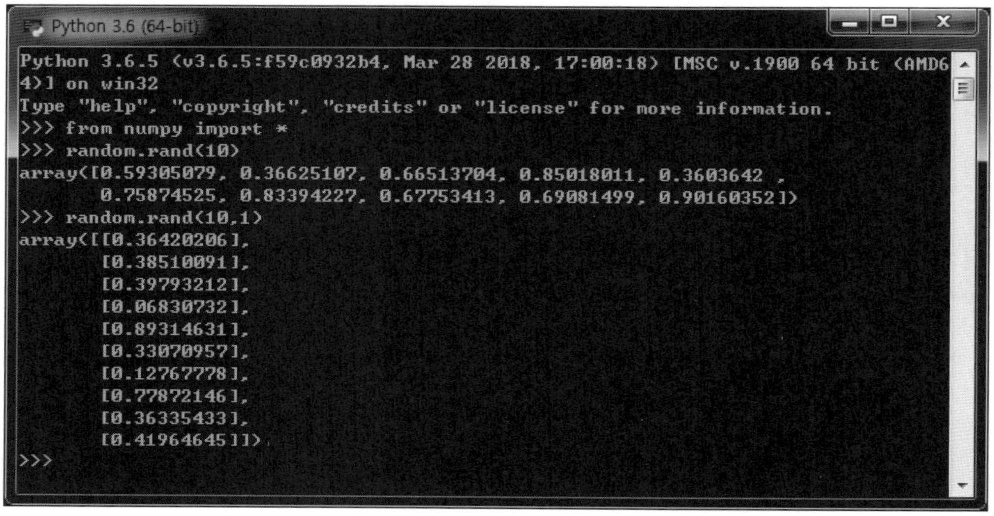

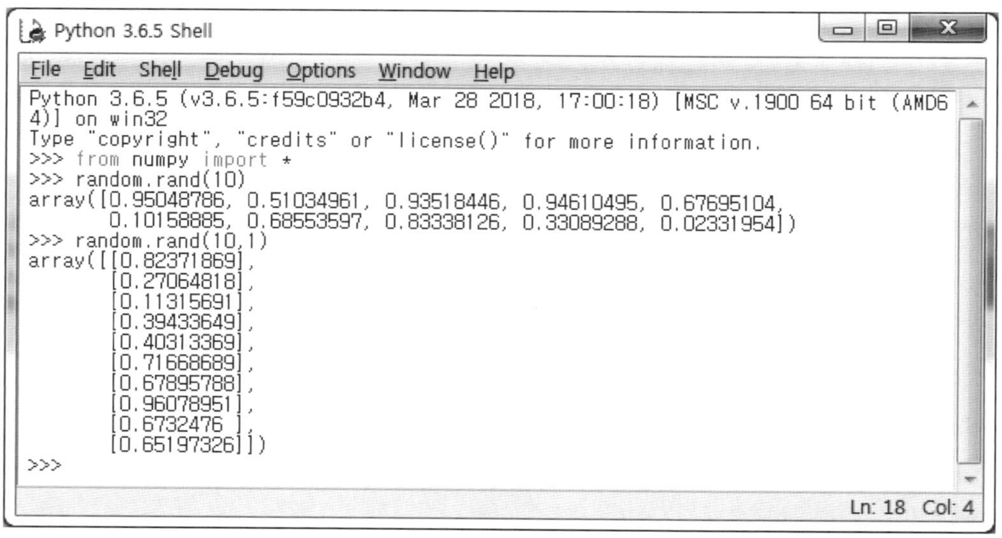

파이썬 표준 라이브러리 Numpy의 동작 여부를 확인하였으며, 이번에는 파이썬 표준 라이브러리 Scipy의 동작 여부를 확인하기 위하여 다음의 파이썬 코드를 입력한다.

Source Code

```
from scipy.fftpack import fft
import numpy as np

N = 600

T = 1.0 / 800.0
x = np.linspace(0.0, N*T, N)
y = np.sin(50.0 * 2.0*np.pi*x) + 0.5*np.sin(80.0 * 2.0*np.pi*x)
yf = fft(y)
xf = np.linspace(0.0, 1.0/(2.0*T), N/2)

import matplotlib.pyplot as plt
plt.plot(xf, 2.0/N * np.abs(yf[0:N//2]))
plt.grid()
plt.show()
```

Result

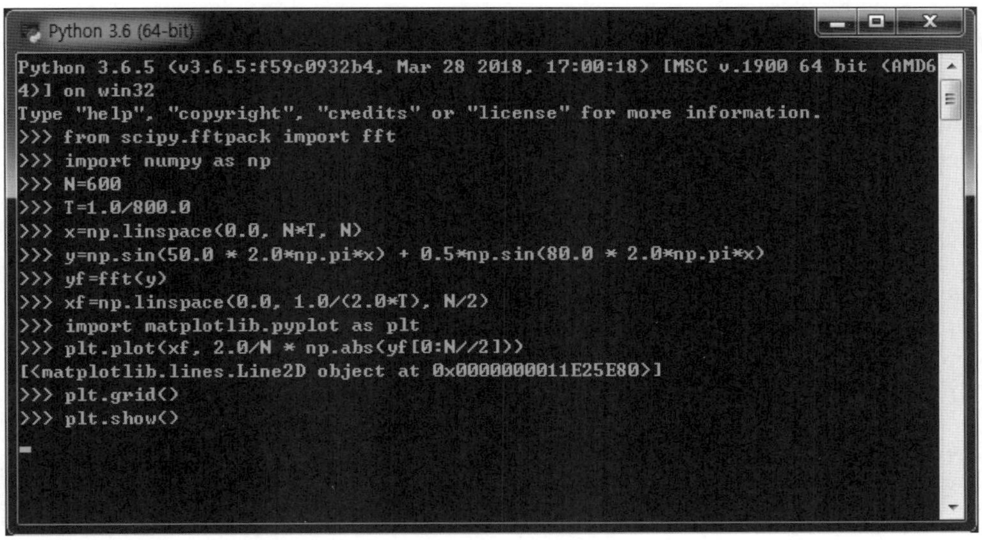

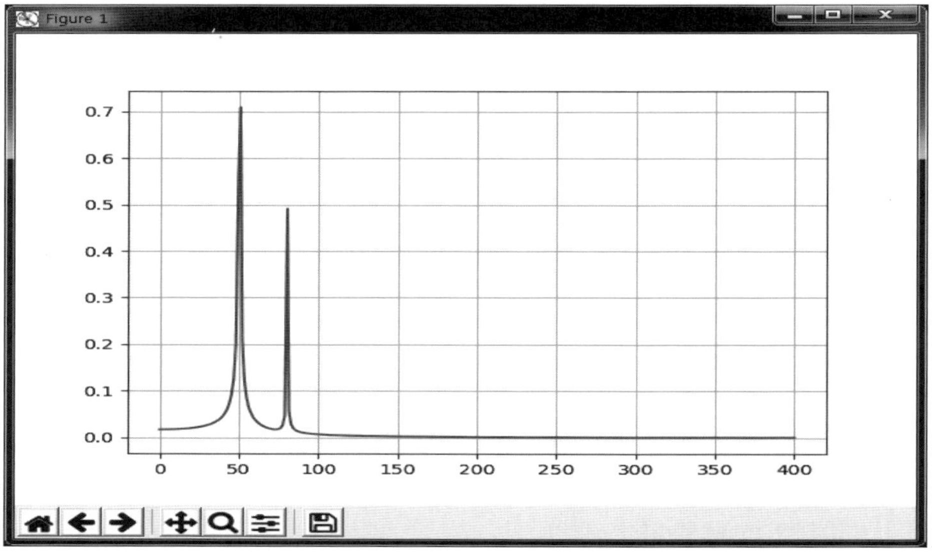

파이썬 표준 라이브러리 Scipy의 하위 패키지 special을 이용하여 다음의 파이썬 코드로 3D 이미지를 생성하여 본다.

Source Code

```
from scipy import special
import numpy as np
def drumhead_height(n, k, distance, angle, t):
    kth_zero = special.jn_zeros(n, k)[-1]
    return np.cos(t) * np.cos(n*angle) * special.jn(n, distance*kth_zero)
theta = np.r_[0:2*np.pi:50j]
radius = np.r_[0:1:50j]
x = np.array([r * np.cos(theta) for r in radius])
y = np.array([r * np.sin(theta) for r in radius])
z = np.array([drumhead_height(1, 1, r, theta, 0.5) for r in radius])

import matplotlib.pyplot as plt
from mpl_toolkits.mplot3d import Axes3D
from matplotlib import cm
fig = plt.figure()
ax = Axes3D(fig)
ax.plot_surface(x, y, z, rstride=1, cstride=1, cmap=cm.jet)
ax.set_xlabel('X')
ax.set_ylabel('Y')
ax.set_zlabel('Z')
plt.show()
```

Result

```
*Python 3.6.5 Shell*
File Edit Shell Debug Options Window Help
Python 3.6.5 (v3.6.5:f59c0932b4, Mar 28 2018, 17:00:18) [MSC v.1900 64 bit (AMD6
4)] on win32
Type "copyright", "credits" or "license()" for more information.
>>> from scipy import special
>>> import numpy as np
>>> def drumhead_height(n, k, distance, angle, t):
        kth_zero = special.jn_zeros(n, k)[-1]
        return np.cos(t) * np.cos(n*angle) * special.jn(n, distance*kth_zero)

>>> theta = np.r_[0:2*np.pi:50j]
>>> radius = np.r_[0:1:50j]
>>> x = np.array([r * np.cos(theta) for r in radius])
>>> y = np.array([r * np.sin(theta) for r in radius])
>>> z = np.array([drumhead_height(1, 1, r, theta, 0.5) for r in radius])
>>> import matplotlib.pyplot as plt
>>> from mpl_toolkits.mplot3d import Axes3D
>>> from matplotlib import cm
>>> fig = plt.figure()
>>> ax = Axes3D(fig)
>>> ax.plot_surface(x, y, z, rstride=1, cstride=1, cmap=cm.jet)
<mpl_toolkits.mplot3d.art3d.Poly3DCollection object at 0x000000000E139978>
>>> ax.set_xlabel('X')
Text(0.5, 0, 'X')
>>> ax.set_ylabel('Y')
Text(0.5, 0, 'Y')
>>> ax.set_zlabel('Z')
Text(0.5, 0, 'Z')
>>> plt.show()
                                                              Ln: 28  Col: 0
```

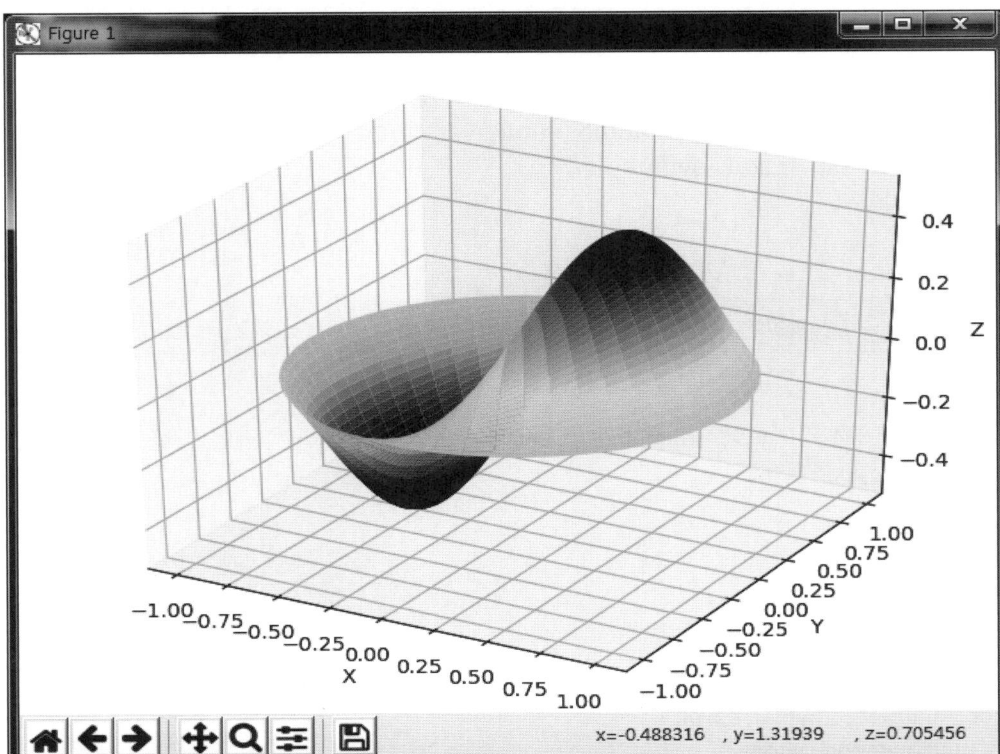

Chapter 2

파이썬으로 풀어보는 수학

파이썬을 이용하여 집합의 벤다이어그램과 시각화를 위하여 라이브러리 matplotlib_venn과 sympy를 설치한다. 파이썬 라이브러리 matplotlib_venn과 sympy를 이용하여 벤다이어그램, 그래프 그리기, 확률과 통계, 미적분, 그리고 프렉탈을 위한 간단한 파이썬 코드를 작성하여 본다.

2.1 matplotlib_venn과 sympy 설치하기

파이썬 라이브러리 matplotlib_venn과 sympy 설치를 위하여 윈도우 커맨드 창에서 다음의 명령어를 입력한다.

```
> python -m pip install matplotlib_venn
> python -m pip install sympy
```

2.2 벤-다이어그램

설치한 파이썬 라이브러리 matplotlib_venn과 sympy를 이용하여 파이썬 코드에 의한 집합의 벤다이어그램을 그려본다.

Source Code

```
from matplotlib_venn import venn2
import matplotlib.pyplot as plt
from pylab import show
```

```
from sympy import FiniteSet
def draw_venn(sets):
        venn2(subsets=sets)
        plt.show()

s1 = FiniteSet(1, 2, 3)
s2 = FiniteSet(2, 3, 4, 5)
venn2(subsets=(s1, s2))
show()
```

Result

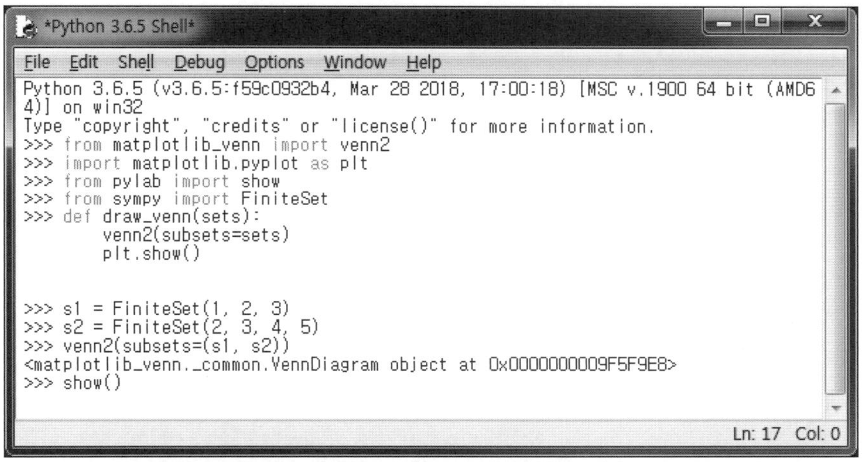

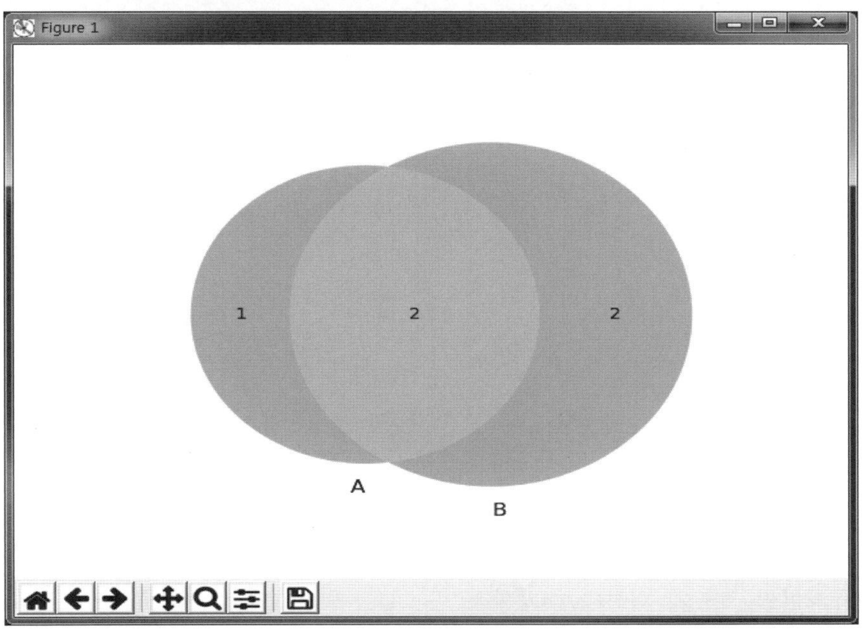

2.3 데이터 가시화 - SymPy를 이용한 그래프 그리기

데이터 가시화를 위하여 심볼릭 수학 패키지인 sympy를 이용하여 다양한 그래프를 작성할 수 있으며, $y=2x+3$의 그래프를 다음의 파이썬 코드에 의하여 작성한다.

Source Code

```
from sympy.plotting import plot
from sympy import Symbol
x = Symbol('x')
plot(2*x+3)
```

Result

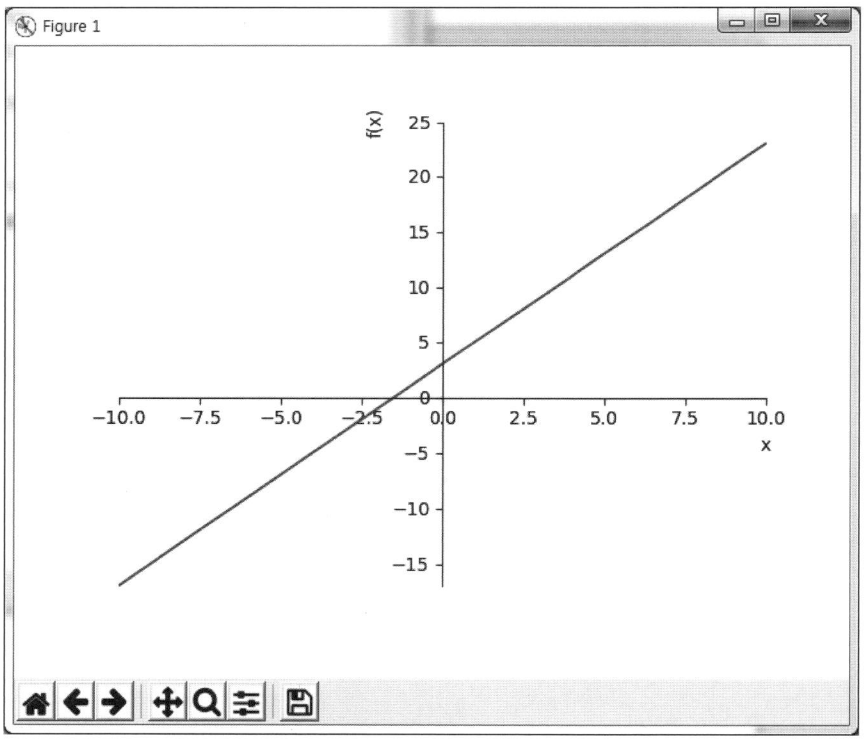

앞의 $y=2x+3$의 그래프에 x축의 범위를 -5부터 5까지, 제목, x축과 y축의 각각의 명칭을 다음의 파이썬 코드에 의하여 추가한다.

Source Code

```
plot((2*x+3), (x, -5, 5), title='A Line', xlabel='x', ylabel='y=2x+3')
```

Result

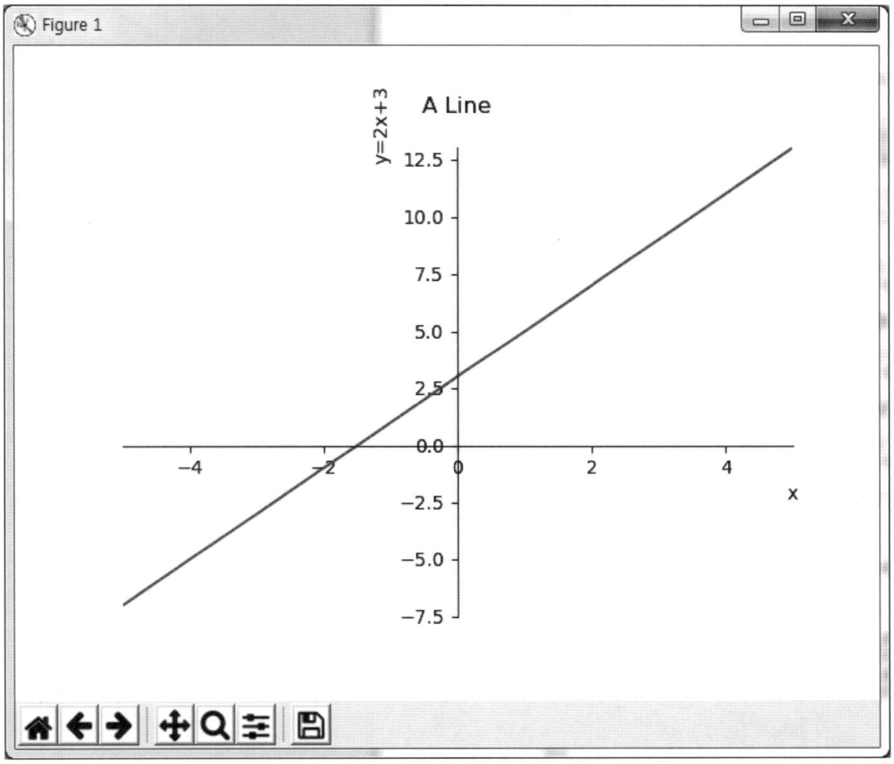

수정된 $y = 2x + 3$의 그래프를 모니터 화면에 나타내지 않고 임의의 폴더에 이미지 파일 Fig2.png로 저장하기 위한 파이썬 코드는 다음과 같이 나타낸다.

Source Code

```
f = plot((2*x+3), (x, -5, 5), title='A Line', xlabel='x', ylabel='y=2x+3', show=False)
f.save('Fig2.png')
```

Result

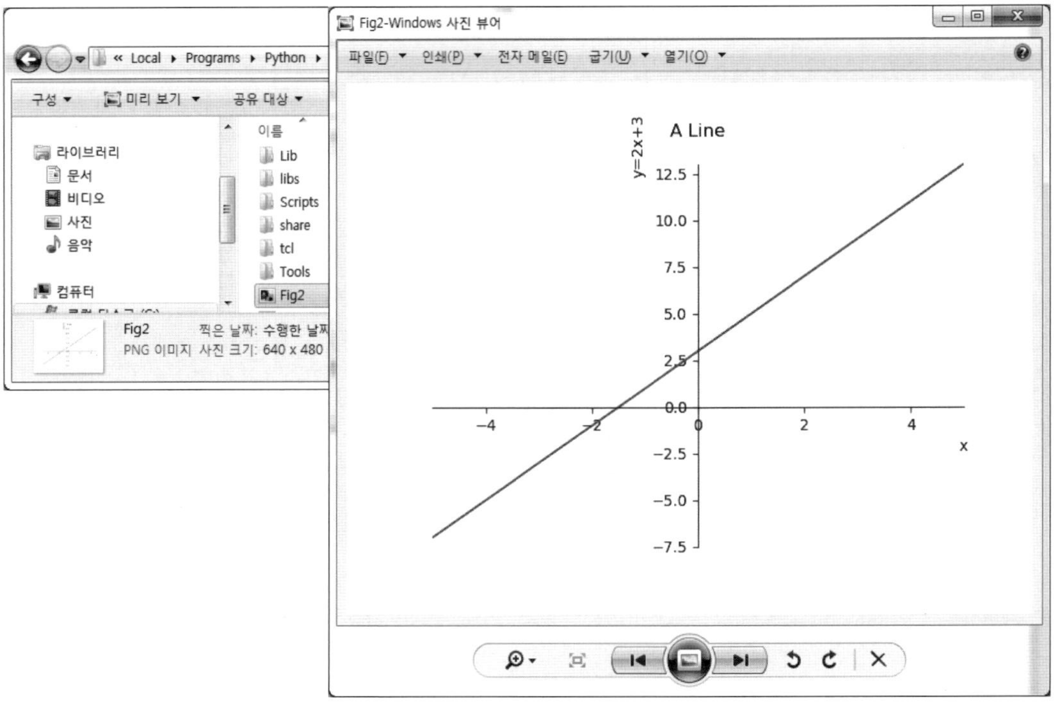

기존의 $y=2x+3$의 그래프에 $y=2x-3$ 그래프를 추가하는 파이썬 코드는 다음과 같다.

Source Code

```
from sympy.plotting import plot
from sympy import Symbol
x = Symbol('x')
plot(2*x+3, 2*x-3)
```

Result

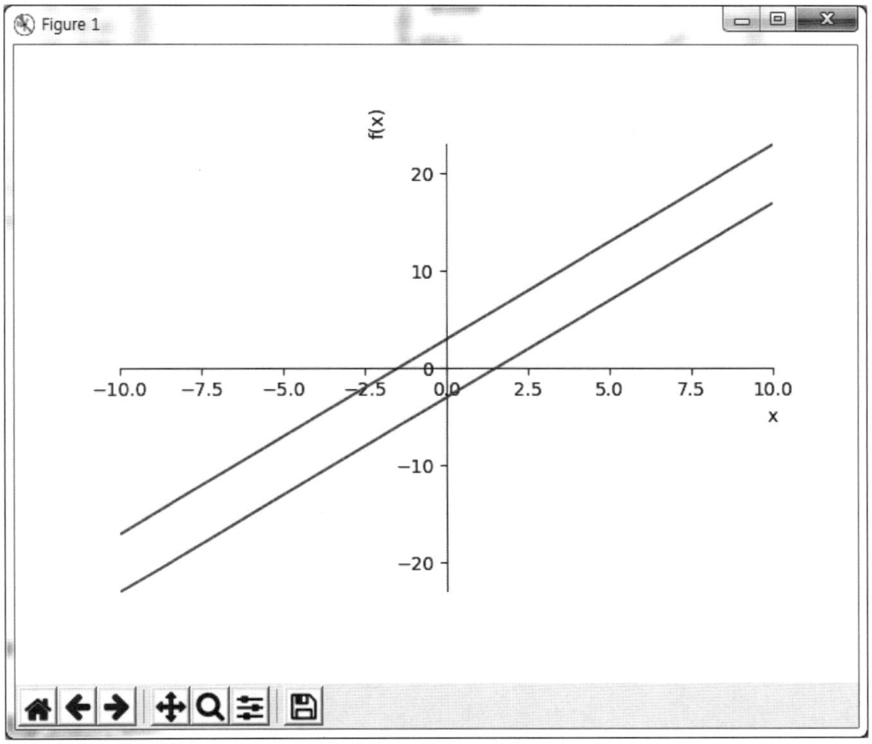

그래프 $y = 2x + 3$과 그래프 $y = 2x - 3$를 구분하기 위하여 legend 속성과 선에 컬러를 지정하기 위한 파이썬 코드는 다음과 같다.

Source Code

```
from sympy.plotting import plot
from sympy import Symbol
x = Symbol('x')
p = plot(2*x+3, 2*x-3, legend=True, show=False)
p[0].line_color = 'b'
p[1].line_color = 'r'
p.show()
```

Result

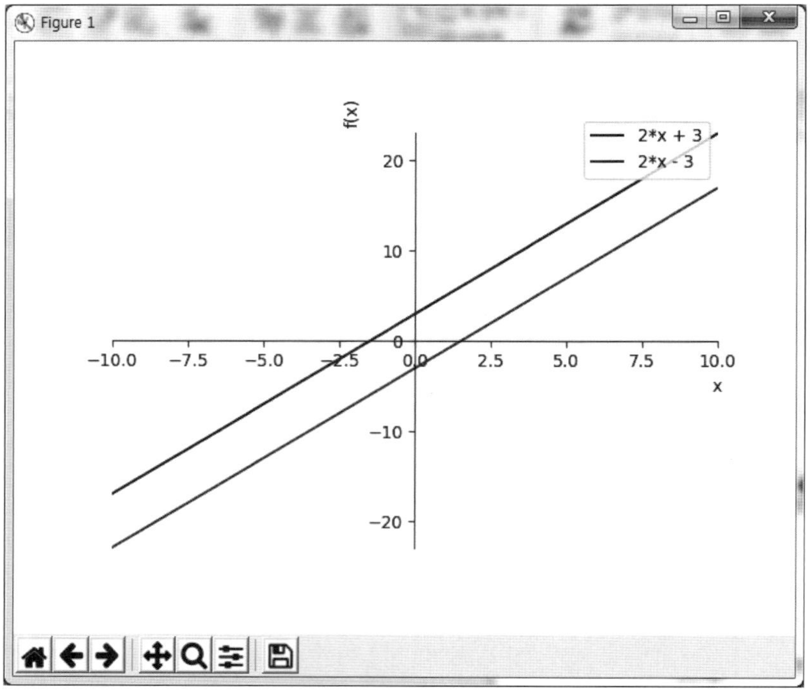

2.4 통계와 확률

MXNet을 이용하여 간단한 확률과 통계의 학습을 위한 주사위 놀이의 파이썬 코드를 구현해 본다.

Source Code

```
import mxnet as mx
from mxnet import nd

probabilities = nd.ones(6) / 6
nd.sample_multinomial(probabilities)
print(nd.sample_multinomial(probabilities, shape=(10)))
print(nd.sample_multinomial(probabilities, shape=(5,10)))
```

Result

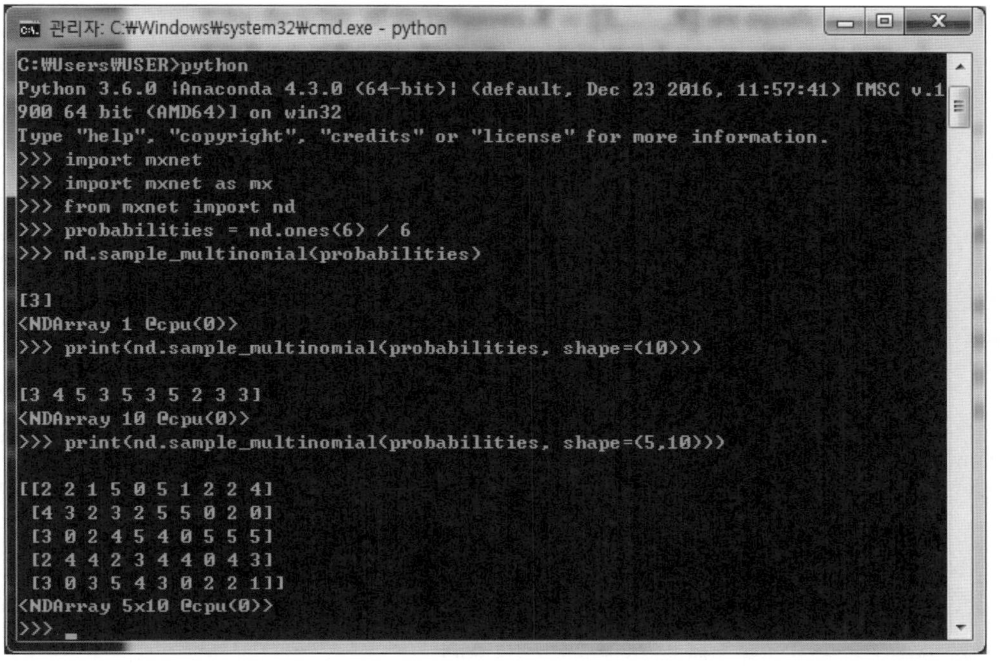

```
C:\Users\USER>python
Python 3.6.0 |Anaconda 4.3.0 (64-bit)| (default, Dec 23 2016, 11:57:41) [MSC v.1
900 64 bit (AMD64)] on win32
Type "help", "copyright", "credits" or "license" for more information.
>>> import mxnet
>>> import mxnet as mx
>>> from mxnet import nd
>>> probabilities = nd.ones(6) / 6
>>> nd.sample_multinomial(probabilities)

[3]
<NDArray 1 @cpu(0)>
>>> print(nd.sample_multinomial(probabilities, shape=(10)))

[3 4 5 3 5 3 5 2 3 3]
<NDArray 10 @cpu(0)>
>>> print(nd.sample_multinomial(probabilities, shape=(5,10)))

[[2 2 1 5 0 5 1 2 2 4]
 [4 3 2 3 2 5 5 0 2 0]
 [3 0 2 4 5 4 0 5 5 5]
 [2 4 4 2 3 4 4 0 4 3]
 [3 0 3 5 4 3 0 2 2 1]]
<NDArray 5x10 @cpu(0)>
>>>
```

Source Code

```
rolls = nd.sample_multinomial(probabilities, shape=(1000))

counts = nd.zeros((6,1000))
totals = nd.zeros(6)
for i, roll in enumerate(rolls):
    totals[int(roll.asscalar())] += 1
    counts[:, i] = totals

totals / 1000
counts
```

Result

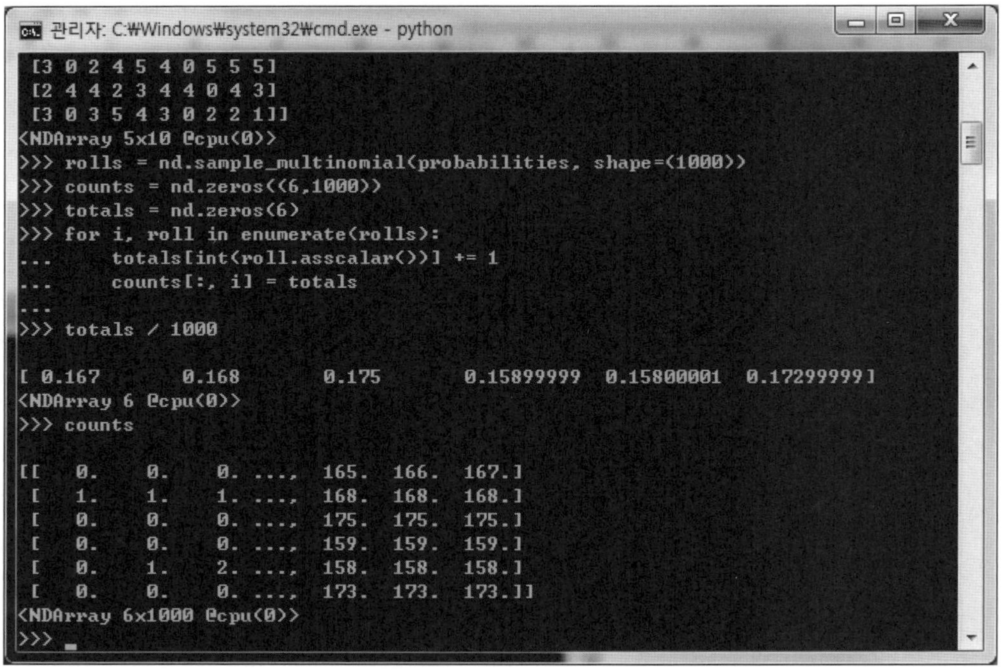

Source Code

```
x = nd.arange(1000).reshape((1,1000)) + 1
estimates = counts / x
print(estimates[:,0])
print(estimates[:,1])
print(estimates[:,100])

from matplotlib import pyplot as plt
plt.plot(estimates[0, :].asnumpy(), label="Estimated P(die=1)")
plt.plot(estimates[1, :].asnumpy(), label="Estimated P(die=2)")
plt.plot(estimates[2, :].asnumpy(), label="Estimated P(die=3)")
plt.plot(estimates[3, :].asnumpy(), label="Estimated P(die=4)")
plt.plot(estimates[4, :].asnumpy(), label="Estimated P(die=5)")
plt.plot(estimates[5, :].asnumpy(), label="Estimated P(die=6)")
plt.axhline(y=0.16666, color='black', linestyle='dashed')
plt.legend()
plt.show()
```

Result

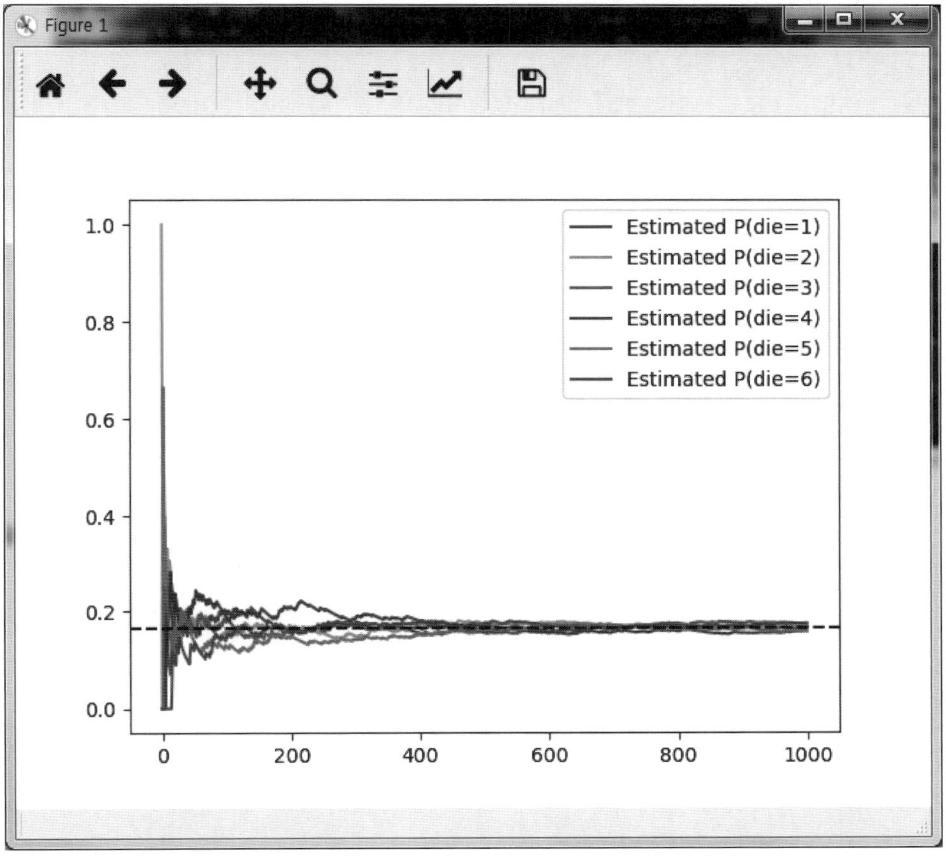

2.5 미적분

파이썬 라이브러리 Sympy를 이용한 미적분을 수행하는 파이썬 코드를 작성하여 본다.

Source Code

```
from sympy import Symbol, Derivative
t = Symbol('t')
St = 5*t**2 + 2*t + 8
Derivative(St, t)
```

Result

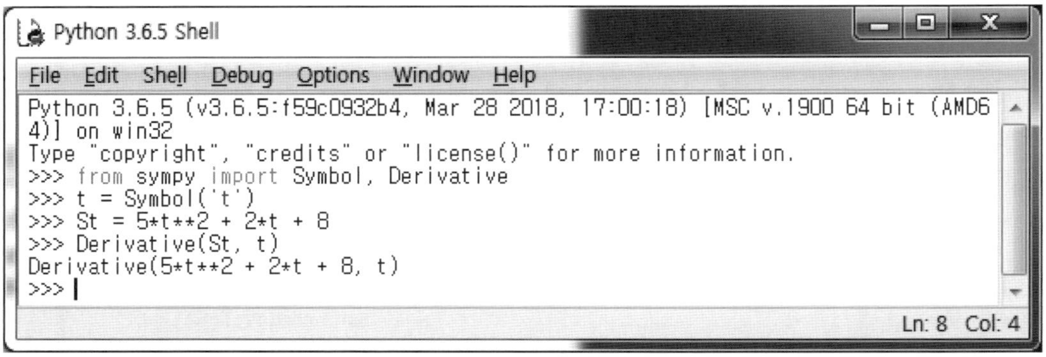

Source Code

```
from sympy import Symbol, Derivative
t = Symbol('t')
St = 5*t**2 + 2*t + 8
d = Derivative(St, t)
d.doit()
d.doit().subs({t:1})
```

Result

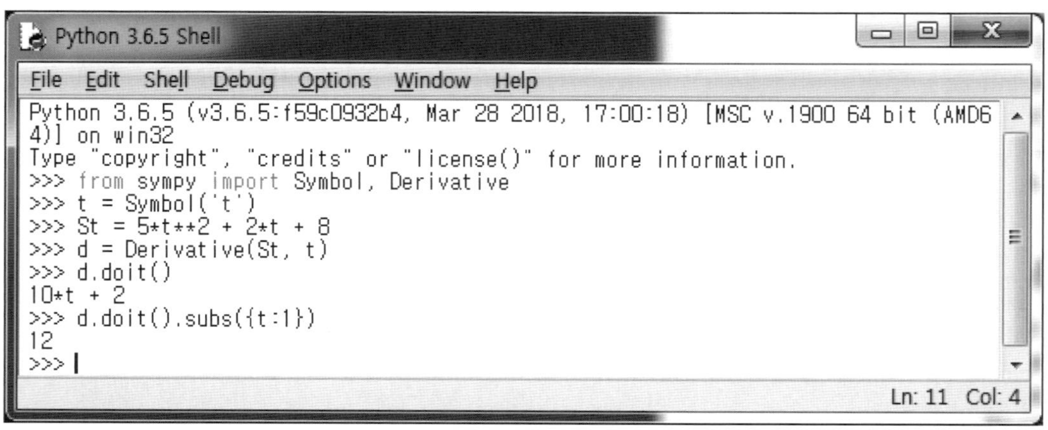

2.6 프렉탈

작고 단순한 한 부분이 전체 구조와 닮은 모양으로 계속 반복되는 구조를 프렉탈이라고 한다. Fern의 고사리 프렉탈을 파이썬 코드로 작성하여 본다.

Source Code

```
import random
import matplotlib.pyplot as plt
def transformation_1(p):
        x = p[0]
        y = p[1]
        x1 = 0.85*x + 0.04*y
        y1 = -0.04*x + 0.85*y + 1.6
        return x1, y1

def transformation_2(p):
        x = p[0]
        y = p[1]
        x1 = 0.2*x - 0.26*y
        y1 = 0.23*x + 0.22*y + 1.6
        return x1, y1

def transformation_3(p):
        x = p[0]
        y = p[1]
        x1 = -0.15*x + 0.28*y
        y1 = 0.26*x + 0.24*y + 0.44
        return x1, y1

def transformation_4(p):
        x = p[0]
        y = p[1]
        x1 = 0
        y1 = 0.16*y
        return x1, y1

def get_index(probability):
        r = random.random()
        c_probability = 0
        sum_probability = []
        for p in probability:
                c_probability += p
                sum_probability.append(c_probability)
```

```
    for item, sp in enumerate(sum_probability):
        if r <= sp:
            return item
    return len(probability)-1

def transform(p):
    # List of transformation functions
    transformations = [transformation_1, transformation_2,
        transformation_3, transformation_4]
    probability = [0.85, 0.07, 0.07, 0.01]
    # Pick a random transformation function and call it
    tindex = get_index(probability)
    t = transformations[tindex]
    x, y = t(p)
    return x, y

def draw_fern(n):
    # We start with (0, 0)
    x = [0]
    y = [0]

    x1, y1 = 0, 0
    for i in range(n):
        x1, y1 = transform((x1, y1))
        x.append(x1)
        y.append(y1)
    return x, y

n = int(input('Enter the number of points in the Fern: '))
x, y = draw_fern(n)
# Plot the points
plt.plot(x, y, 'o')
plt.title('Fern with {0} points'.format(n))
plt.show()
```

Result

```
*Python 3.6.5 Shell*
File Edit Shell Debug Options Window Help
>>> n = int(input('Enter the number of points in the Fern: '))
Enter the number of points in the Fern: 100
>>> x, y = draw_fern(n)
>>> plt.plot(x, y, 'o')
[<matplotlib.lines.Line2D object at 0x000000000B9C27F0>]
>>> plt.title('Fern with {0} points'.format(n))
Text(0.5,1,'Fern with 100 points')
>>> plt.show()
Ln: 129 Col: 0
```

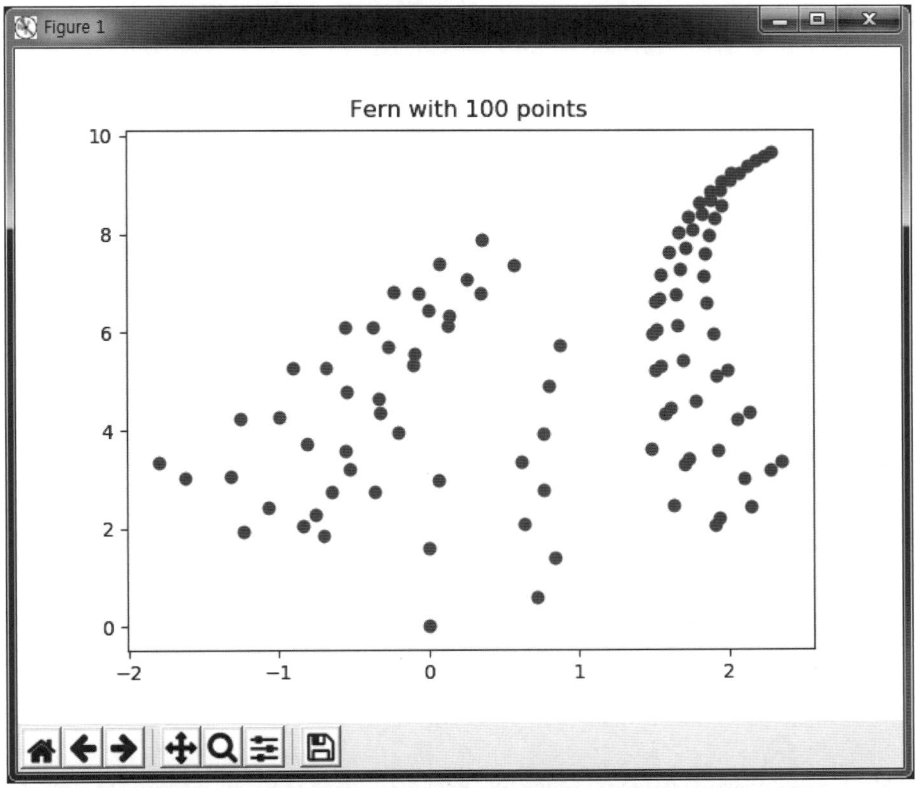
Figure 1
Fern with 100 points

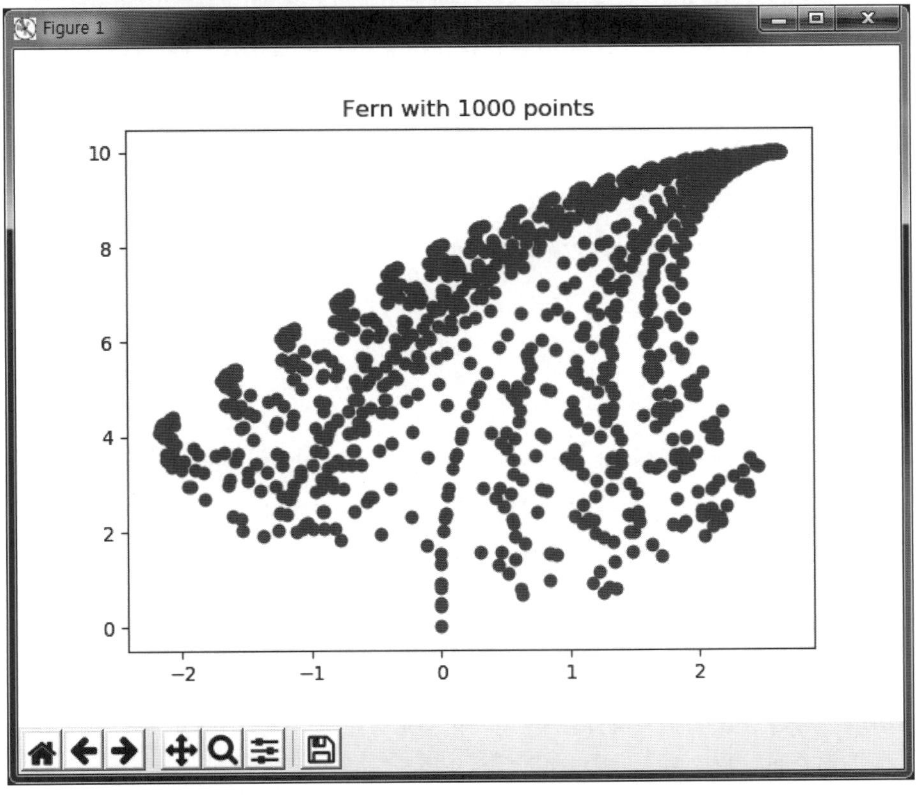
Figure 1
Fern with 1000 points

2.7 최적화 문제와 경사하강법

벡터(또는 스칼라) 변수 $\boldsymbol{x} = (x_1, x_2, \cdots, x_n)^T$에 대하여 스칼라 값을 가지는 함수 $f(\boldsymbol{x})$에 대한 최적화 문제는 지역적(local) 최솟값 또는 최댓값을 구하는 문제이다. 여기서, 우리는 최솟값을 구하는 문제에 대하여 고려해 보기로 한다. 이를 위하여 먼저 일변수 함수의 미분 도함수를 다변수로 확장한 다변수 함수의 도함수인 기울기 함수에 대하여 살펴보기로 하자.

부드러운 함수 f의 변수 $\boldsymbol{x}$에 대한 기울기 함수는 $f'(\boldsymbol{x}) = \nabla f(\boldsymbol{x})$는 그래디언트(gradient)라고 하며 n 벡터로 주어지고, 2계 미분함수 $f''(\boldsymbol{x})$를 헤시안(Hessian)이라고 하며 이는 $n \times n$ 행렬로 주어진다. 이때, f'은 $\dfrac{Df}{D\boldsymbol{x}}$라고 표현하기도 한다.

$$f'(\boldsymbol{x}) = \nabla f(\boldsymbol{x}) := \left(\frac{\partial f(\boldsymbol{x})}{\partial x_1}, \frac{\partial f(\boldsymbol{x})}{\partial x_2}, \cdots, \frac{\partial f(\boldsymbol{x})}{\partial x_n} \right)^T ,$$

$$f''(\boldsymbol{x}) = \left(\frac{\partial^2 f(\boldsymbol{x})}{\partial x_i \partial x_j} \right), (i, j = 1, 2, \cdots, n)$$

여기서 $f'(\boldsymbol{x})$을 열벡터 형식으로 준 것은 열벡터인 변수 $\boldsymbol{x}$와 같은 형식으로 주기 위함이다. 만약 $\boldsymbol{x}$가 행벡터이면 우리는 $f'(\boldsymbol{x})$을 행벡터 형식으로 줄 것이다.

함수 $f(\boldsymbol{x})$가 선형함수 일 때의 예를 한번 살펴보자. 만약 행벡터 $\boldsymbol{w} = (w_1, w_2, \cdots, w_n)$가 있어 $f(\boldsymbol{x}) = \boldsymbol{w} \cdot \boldsymbol{x}$로 정의하면 $f'(\boldsymbol{x}) = \boldsymbol{w}^T$가 된다. 여기서 $\boldsymbol{w} \cdot \boldsymbol{x}$는 $\boldsymbol{w}$ 와 $\boldsymbol{x}$의 내적을 나타내며, 이를 단순한 행렬 곱으로 생각하면 된다. 만약 위의 함수가 $\boldsymbol{w}$의 함수, 즉 $f(\boldsymbol{w}) = \boldsymbol{w} \cdot \boldsymbol{x}$라고 하면 $f'(\boldsymbol{w}) = \boldsymbol{x}^T$로 주어 그래디언트가 행벡터가 되게 한다. 이 결과를 보면 벡터 형식을 고려하기는 하지만 스칼라 이변수 함수 $f(x, w) = wx$에 대하여 각 변수에 대한 미분이 $\partial f / \partial x = w, \partial f / \partial w = x$가 되는 것과 같음을 알 수 있다.

이제, 스칼라 값을 가지는 함수 $f(\boldsymbol{x})$의 최솟값을 구하는 경사하강법(gradient descent method)에 대하여 알아보자. 이 방법은 적당한 한 점에서 출발하여 최솟값을 향하여 가장 경사가 큰 방향으로 하강하는 방향을 선택하는 반복법의 하나이다. 가장 경사가 큰 하강방향을 잡기 위하여 우리는 그래디언트(gradient)를 사용할 것이다.

지금 우리는 n번째 반복값인 $\boldsymbol{x}_n$에서 $f(\boldsymbol{x}_{n+1}) < f(\boldsymbol{x}_n)$을 만족하는 다음 반복인 $\boldsymbol{x}_{n+1}$을 $\boldsymbol{x}_{n+1} = \boldsymbol{x}_n + \eta \boldsymbol{d}_n$으로 두고 $\boldsymbol{d}_n$을 찾고자 한다. 이때, $\eta > 0$는 수렴을 조절하는 매개변수(learning parameter)로 인공신경망에서는 학습률이라고 부르며 충분히 작은 수라고 가정한다. 테일러 정리에 의하여 다음과 같은 식을 보일 수 있다.

$$f(\boldsymbol{x}_{n+1}) = f(\boldsymbol{x}_n) + \eta f'(\boldsymbol{x}_n) \cdot \boldsymbol{d}_n + O(\eta^2), \quad O(\eta^2)\text{은 } \eta^2\text{배 정도의 오차를 나타냄}$$

여기서 경사 하강방향을 $\boldsymbol{d}_n = -f'(\boldsymbol{x}_n)$을 잡으면 충분히 작은 η에 대하여

$$f(\boldsymbol{x}_{n+1}) \approx f(\boldsymbol{x}_n) + \eta f'(\boldsymbol{x}_n) \cdot f'(\boldsymbol{x}_n) < f(\boldsymbol{x}_n)$$

이 만족한다. 상수 η의 선택에 따라 수렴속도가 조절되며, 경우에 따라서는 수렴하지 않을 수도 있다.

한편, 하강방향이 결정되고 난 후, 함수 $g(\eta) = f(\boldsymbol{x}_n + \eta \boldsymbol{d}_n)$를 최소화 시키는 η를 찾기 위한 1차원 문제를 풀 수도 있다. 이를 위하여 반복마다 $g'(\eta) = 0$를 만족하는 η_n을 찾는 알고리듬을 추가할 수 있다. 보통은 비용문제를 고려하여 고정된 매개변수 η를 잘 선택하여 경사하강법을 사용하기도 한다.

경사 하강법(Gradient descent method)

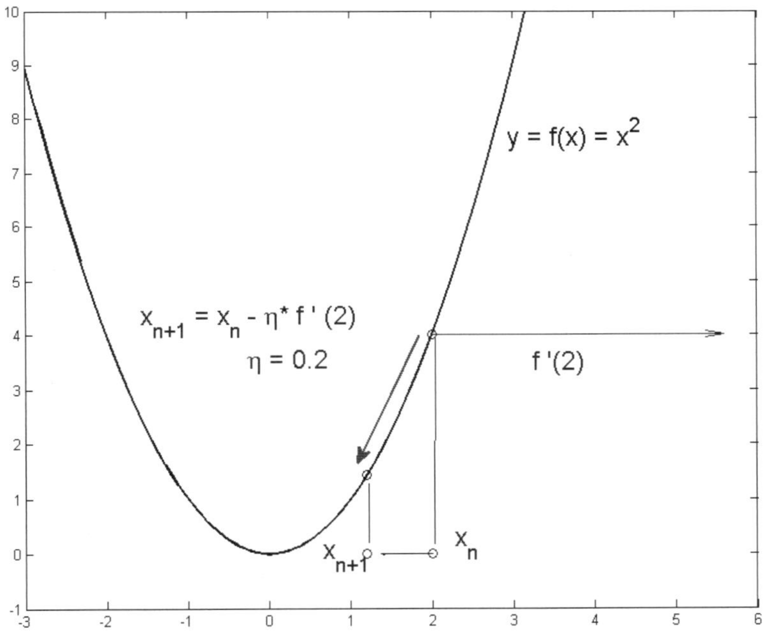

이번에는 벡터를 변수로 가지는 함수가 m 함숫값을 가지는 벡터 함수라고 가정하자. 이 함수는 m개의 성분(component) 함수를 가지는데 각 성분 함수의 그래디언트를 구하여 열벡터로 두면 벡터 함수의 기울기 함수를 구할 수 있다. 우리는 이를 야코비언 행렬(Jacobian matrix)이라 부른다.

$$f(x)=\begin{bmatrix} f_1(x) \\ f_2(x) \\ \vdots \\ f_m(x) \end{bmatrix} \quad \text{이면} \quad f'(x)=\left[\, f_1{}'(x)^T, f_2{}'(x)^T, \cdots, f_m{}'(x)^T \,\right] \text{이다.}$$

$$\text{즉,} \quad f'(x)=\left(\frac{\partial f_j}{\partial x_i}\right)=\left(\frac{\partial f_i}{\partial x_j}\right)^T, (i=1,2,\cdots,m,\ \ j=1,2,\cdots,n\,)$$

여기서 우리는 $f'(x)$를 $n \times m$ 행렬로 주어 행의 개수가 변수 x의 행의 개수가 같도록 정의하였다. 즉 벡터 변수를 가지고 벡터 함숫값을 가지는 함수 f의 한 점 x에서의 미분 $f'(x)$은 그 자체로 선형함수인 야코비언 행렬로 나타난다고 할 수 있다.

$$f: R^{n\times 1} \rightarrow R^{m\times 1} \quad \text{이면} \quad f'(x): R^{m\times 1} \rightarrow R^{n\times 1}$$

이러한 정의는 경사하강법을 편리하게 적용할 수 있도록 채택하였으며, 때에 따라서는 위 정의의 전치행렬을 야코비언 행렬로 정의하기도 한다.

선형함수의 예를 들어보자. 주어진 $m\times n$ 행렬 A에 대하여 $y=f(x)=A\cdot x$를 $m\times 1$ 벡터값 함수로 정의할 때 $n\times m$ 야코비언 행렬은 $f'(x)=A^T$ 가 된다. 또한 주어진 $\ell\times m$ 행렬 B에 대하여 $m\times 1$ 변수 y의 함수 $z=g(y)=B\cdot y$를 정의하면 $\ell\times m$ 야코비언 행렬 $g'(y)=B^T$가 된다. 두 함수의 합성함수는 $z=g(f(x))=B\cdot A\cdot x$가 되고 x에 대한 미분인 $\ell\times n$ 야코비언 행렬은 연쇄법칙(chain rule)을 이용하여 아래와 같이 구할 수 있다.

$$\frac{D}{Dx}g(f(x))=\frac{Df}{Dx}\cdot\frac{Dg}{Dy}=A^T\cdot B^T, \quad \text{즉} \quad \frac{Dz}{Dx}=\frac{Dy}{Dx}\cdot\frac{Dz}{Dy}=A^T\cdot B^T$$

변수 x가 $1\times n$ 행벡터이며 A는 $n\times m$ 행렬이고 B는 $m\times\ell$ 행렬이라고 하며, 함수가 다음과 같이 정의되었다고 하자.

$$y=x\cdot A, \quad z=y\cdot B=x\cdot A\cdot B$$

이런 경우, 합성함수의 미분인 야코비언 행렬은 다음과 같이 주어진다.

$$\frac{Dy}{Dx}=A^T, \quad \frac{Dz}{Dy}=B^T, \quad \frac{Dz}{Dx}=\frac{Dz}{Dy}\cdot\frac{Dy}{Dx}=B^T\cdot A^T$$

다음 장에서 다루게 될 인공신경망의 가중치 행렬의 그래디언트를 위하여 다음과 같이 정리해 두면 편리할 것이다.

$$y = A \cdot \boldsymbol{x}, \quad z = B \cdot y = B \cdot A \cdot \boldsymbol{x} \quad \text{이면} \quad \frac{Dz}{D\boldsymbol{x}} = \frac{Dy}{D\boldsymbol{x}} \cdot \frac{Dz}{Dy} = A^T \cdot B^T$$

$$y = \boldsymbol{x} \cdot A, \quad z = y \cdot B = \boldsymbol{x} \cdot A \cdot B \quad \text{이면} \quad \frac{Dz}{D\boldsymbol{x}} = \frac{Dz}{Dy} \cdot \frac{Dy}{D\boldsymbol{x}} = B^T \cdot A^T$$

이번에는 변수가 행렬이고 함숫값이 행렬일 때를 한번 생각해 보자. 주어진 $m \times n$ 행렬 A와 변수로써 $n \times \ell$ 행렬 X에 대한 행렬 함수 $f(X) = A \cdot X$를 정의하자. X를 ℓ개의 열벡터 $X = [\boldsymbol{x}_1, \boldsymbol{x}_2, \cdots, \boldsymbol{x}_\ell]$로 표현하면 함숫값은 다음과 같이 표현된다.

$$f(X) = [A \cdot \boldsymbol{x}_1, A \cdot \boldsymbol{x}_2, \cdots, A \cdot \boldsymbol{x}_\ell]$$

이때, 각 성분의 $\boldsymbol{x}_j$에 대한 야코비언 행렬은 항상 똑같은 A^T가 되므로 이 함수의 미분인 그래디언트는 다음과 같다.

$$f(X) = A \cdot X = [A \cdot \boldsymbol{x}_1, A \cdot \boldsymbol{x}_2, \cdots, A \cdot \boldsymbol{x}_\ell] \quad \text{이면} \quad \frac{Df}{DX} = A^T$$

또한, X가 ℓ개의 행벡터 $X = [\boldsymbol{x}_1, \boldsymbol{x}_2, \cdots, \boldsymbol{x}_\ell]^T$일 때도 같은 방법으로 그래디언트를 찾을 수 있다.

$$f(X) = X \cdot A = \begin{bmatrix} \boldsymbol{x}_1 \cdot A \\ \boldsymbol{x}_2 \cdot A \\ \vdots \\ \boldsymbol{x}_\ell \cdot A \end{bmatrix} \quad \text{이면} \quad \frac{Df}{DX} = A^T$$

[예제] 이변수 함수 $f(x,y) = x^2 + 4y^2$의 최솟값을 경사하강법을 이용하여 찾아보자. 이 함수의 그래디언트는 $f'(x,y) = (2x, 8y)$이다. 초기 예측치를 $x_0 = 1.0,\ y_0 = 1.0$을 선택하면 반복은 다음과 같다.

$$\begin{pmatrix} x_{n+1} \\ y_{n+1} \end{pmatrix} = \begin{pmatrix} x_n \\ y_n \end{pmatrix} - \eta \begin{pmatrix} 2x_n \\ 8y_n \end{pmatrix}$$

이 문제의 참값은 (0, 0) 이나, 참값을 모른다고 가정하기 때문에 이웃하는 두 반복의 차이가 오차의 한계보다 작으면 반복을 멈추는 프로그램을 작성한다. 주어진 그림은 위 함수의 그래프에 대한 등고선 그림으로 참값을 찾아가는 과정을 보여 준다.

경사 하강법(Gradient descent method)

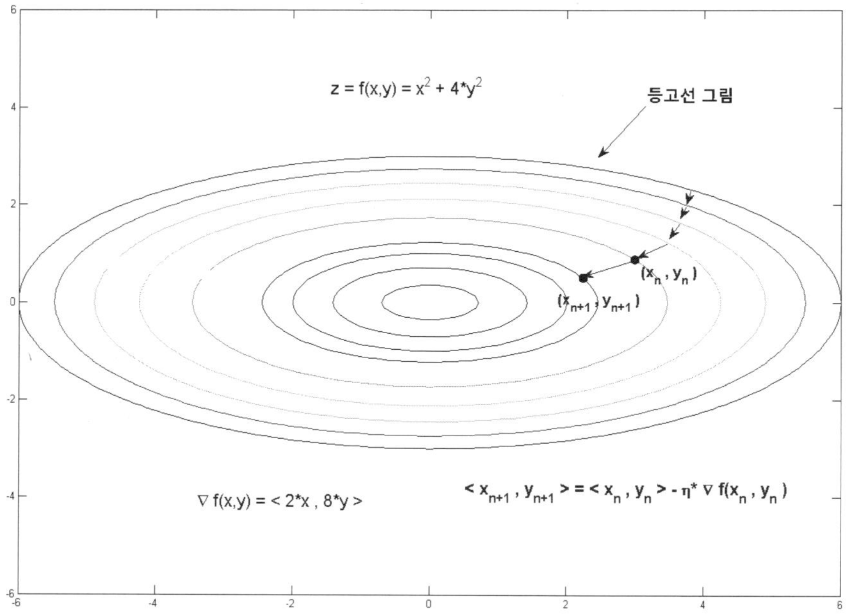

Source Code

minimization.py

```
import numpy as np
h = 1e-06
def gradient(f,x):
    grad = np.zeros_like(x)
    for i in range(2):
        xph = x.copy(); xph[i] += h
        xmh = x.copy(); xmh[i] -= h
        grad[i] = ( f(xph)-f(xmh) ) / (2*h)
    return grad

f = lambda x: x[0]**2 + 4*x[1]**2

err = 1; tol = 1e-6; itr = 0;
eta = 0.2
xn = np.array([1.0, 1.0])
while err > tol:
    dn = -gradient(f, xn)
    xn = xn + eta*dn
    err = eta*np.sqrt( np.dot(dn,dn) )
    itr += 1
    print('itr = ', itr, ' xn = ', xn, '  f(xn) = ', f(xn) )
```

Result

Python 3.6.4 Shell

File Edit Shell Debug Options Window Help

```
Python 3.6.4 |Anaconda, Inc.| (default, Jan 16 2018, 10:22:32) [MSC v.1900 64 bit (AMD64)] on win32
Type "copyright", "credits" or "license()" for more information.
>>> import minimization0
itr =  1  xn =  [ 0.6 -0.6]   f(xn) =  1.8000000001537502
itr =  2  xn =  [0.36 0.36]   f(xn) =  0.6480000001096063
itr =  3  xn =  [ 0.216 -0.216]   f(xn) =  0.23328000001711044
itr =  4  xn =  [0.1296 0.1296]   f(xn) =  0.08398080000526034
itr =  5  xn =  [ 0.07776 -0.07776]   f(xn) =  0.030233088002093116
itr =  6  xn =  [0.046656 0.046656]   f(xn) =  0.010883911168083765
itr =  7  xn =  [ 0.0279936 -0.0279936]   f(xn) =  0.003918208205113118
itr =  8  xn =  [0.01679616 0.01679616]   f(xn) =  0.001410554953851778
itr =  9  xn =  [ 0.0100777 -0.0100777]   f(xn) =  0.0005077997833898419
itr =  10  xn =  [0.00604662 0.00604662]   f(xn) =  0.00018280792201968158
itr =  11  xn =  [ 0.00362797 -0.00362797]   f(xn) =  6.581085192708549e-05
itr =  12  xn =  [0.00217678 0.00217678]   f(xn) =  2.369190669376518e-05
itr =  13  xn =  [ 0.00130607 -0.00130607]   f(xn) =  8.529086409759216e-06
itr =  14  xn =  [0.00078364 0.00078364]   f(xn) =  3.070471107511495e-06
itr =  15  xn =  [ 0.00047018 -0.00047018]   f(xn) =  1.1053695987042538e-06
itr =  16  xn =  [0.00028211 0.00028211]   f(xn) =  3.979330555335847e-07
itr =  17  xn =  [ 0.00016927 -0.00016927]   f(xn) =  1.4325589999210637e-07
itr =  18  xn =  [0.00010156 0.00010156]   f(xn) =  5.1572123997157946e-08
itr =  19  xn =  [ 6.0935974e-05 -6.0935974e-05]   f(xn) =  1.8565964638976685e-08
itr =  20  xn =  [3.65615844e-05 3.65615844e-05]   f(xn) =  6.6837472700314956e-09
itr =  21  xn =  [ 2.19369506e-05 -2.19369506e-05]   f(xn) =  2.4061490172113233e-09
itr =  22  xn =  [1.31621704e-05 1.31621704e-05]   f(xn) =  8.662136461960778e-10
itr =  23  xn =  [ 7.89730223e-06 -7.89730223e-06]   f(xn) =  3.1183691263058895e-10
itr =  24  xn =  [4.73838134e-06 4.73838134e-06]   f(xn) =  1.122612885470122e-10
itr =  25  xn =  [ 2.8430288e-06 -2.8430288e-06]   f(xn) =  4.0414063876924365e-11
itr =  26  xn =  [1.70581728e-06 1.70581728e-06]   f(xn) =  1.4549062995692763e-11
itr =  27  xn =  [ 1.02349037e-06 -1.02349037e-06]   f(xn) =  5.2376626784493884e-12
itr =  28  xn =  [6.14094221e-07 6.14094221e-07]   f(xn) =  1.885558564241779e-12
itr =  29  xn =  [ 3.68456533e-07 -3.68456533e-07]   f(xn) =  6.788010831270405e-13
itr =  30  xn =  [2.2107392e-07 2.2107392e-07]   f(xn) =  2.4436838992573474e-13
>>>
```

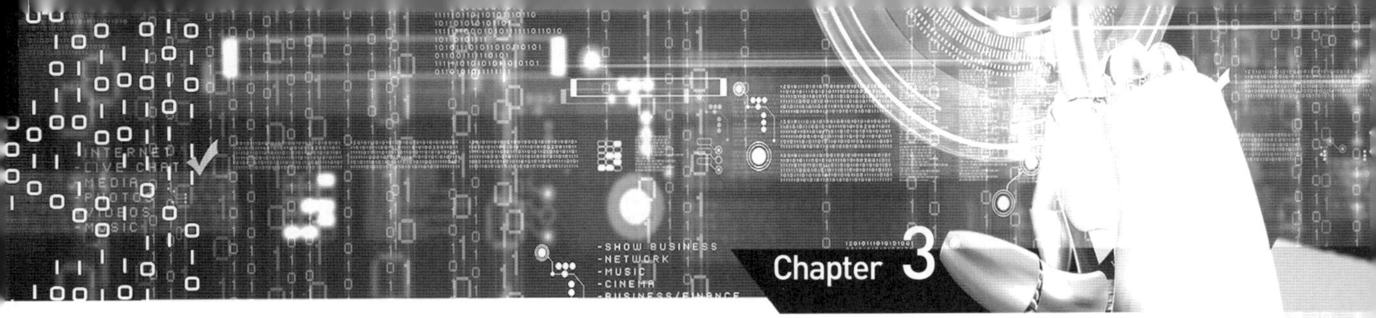

Chapter 3 신경망의 이해

3.1 간단한 예측자

간단한 예측으로 길이 인치(inch)에서 길이 센티미터(cm)로 변환하는 공식을 모른다고 가정하며, 단지 우리가 아는 것은 인치와 센티미터의 관계가 선형(linear)이라는 것뿐이다. 선형 관계이므로 만약 인치를 n배로 늘리면 직관적으로 센티미터도 n배 늘어나게 된다는 것이다. 인치와 센티미터가 선형 관계이므로 다음과 같이 표현할 수 있다.

$$\text{인치} = \text{센티미터} \times w\ (w\text{는 상수})$$

여기에서는 상수 w는 인치를 찾기 위한 센티미터의 가중치로 표현할 수 있다. 이러한 가중치의 정확한 값을 알지는 못하지만, 정확한 가중치 w 값을 알아내는 방법 중 하나는 임의의 값을 하나 택하여 대입하고 오차를 보정해서 새로운 가중치를 찾아 대입하는 반복법으로 근삿값을 찾을 수 있다. w에 2를 대입하면 다음과 같다.

$$1\text{인치} = 1\text{센티미터} \times 2$$

인치 = 센티미터 × w에서 센티미터는 1, w는 2이므로 우리는 1 인치를 2 센티미터라고 예측하게 된다. 실제 값은 2.54이어야 하므로 우리가 예측한 2라는 숫자는 정확하지 않은 답이며, 오차(error)를 갖게 된다. 0.54 정도의 오차를 내포하게 된다.

$$\begin{aligned}\text{오차} &= \text{실제 값} - \text{계산 값}\\ &= 2.54 - 2\\ &= 0.54\end{aligned}$$

우리의 첫 번째 계산이 틀렸으며, 실제 값과 계산 값의 차이인 오차에 의하여 얼마만큼 틀렸는지를 알 수 있다. 이러한 오차 정보를 이용하여 두 번째 계산으로 더 나은 예측을 해볼 수 있을 것이며, 첫 번째 계산에서 오차가 0.54이었다. 인치를 센티미터로 변환하는 식이 선형이라는 사실에서 상수 c 값을 증가시키면 결괏값이 커진다는 것을 알 수 있다. 따라서 두 번째 계산에서는 상수 c 값을 조금 더 증가시켜 2.5을 대입해 본다.

인치 = 센티미터 × w = 1 × 2.5 = 2.5로 오차가 0.04로 첫 번째 계산보다 오차가 감소하게 되며, 여기서 중요한 점은 우리가 첫 번째 계산에서 얻는 오차를 기준으로 두 번째 계산을 시도 했다는 점이다. 즉 첫 번째 계산에서 오차가 0.54인 것을 알고 상수 w 값을 조금 증가시켰다는 점이다. 상수 w 값을 구하기 위해 동일한 계산을 계속해볼 것이며, 이렇게 쉬운 문제를 복잡하게 접근하는 이유는 인공 신경망은 이와 같은 간단한 수학 공식으로 해결되지 않기 때문이다.

두 번째 계산에서 나온 값인 2.5센티미터는 여전히 실제 값보다 작으므로 세 번째 계산으로 w 값을 이번에는 2.5에서 2.6으로 증가시켜 본다. 이번에는 우리의 계산이 목푯값을 초과한 오버슈팅(overshooting)이 발생했다. 두 번째 계선에서 오차는 0.04이었으나 세 번째 계산의 오차가 -0.06이 되었으며, 오차가 음수라는 것은 계산 값이 실제 값보다 크다는 것을 의미한다. 우리는 w 값이 2.6보다는 2.5일 때 더 작은 오차가 나온다는 것을 알았으므로, 이번에는 w 값을 2.5에서 조금만 올려서 2.53으로 수정해 본다. 이전보다 좋은 결과를 얻게 되었으며, 계산 결괏값으로 2.53센티미터를 얻었으므로 실제 값 2.54와의 오차는 0.01이 된다.

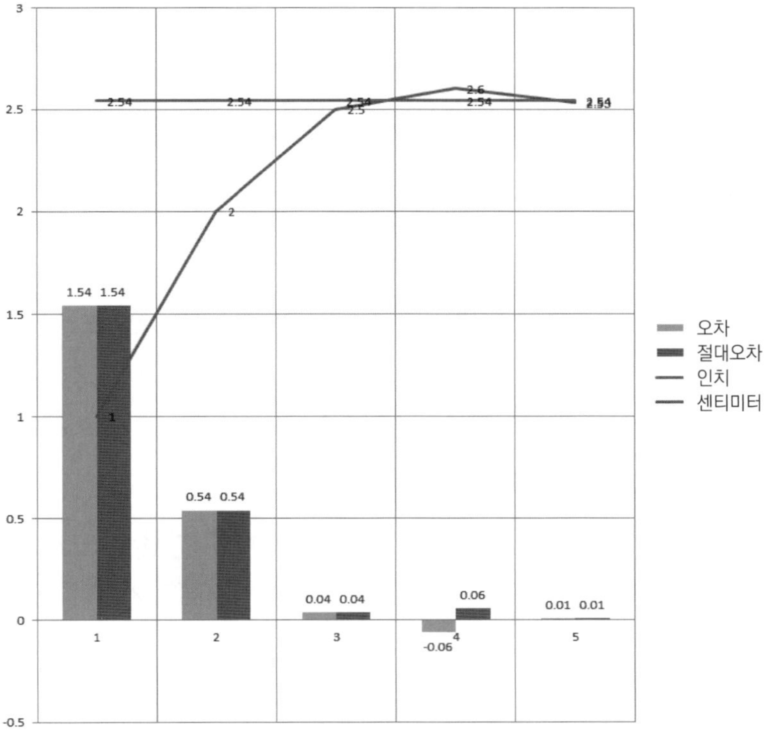

결국 이러한 계산 경험으로 w 값을 조금씩 조정해 나가는 방법으로 계산 결괏값이 실제 값에 접근하게 되면 오차가 작아지게 되고, 상수 w 값의 변화를 너무 크게 가져가면 안 된다는 것이다. 이런 식으로 오버슈팅 문제를 방지할 수 있게 된다.

여기서 우리는 상수 w 값으로 임의의 값을 넣어보고 오차를 구함으로써 이를 개선해나가는 식으로 시행착오를 거치는 접근 방법을 이용했다. 이러한 과정을 반복(iteration)이라고 하는데 여러 번 반복해서 결괏값을 조금씩 개선해 나간다는 의미이다.

3.2 분류자

앞의 절에서 단순하게 입력 값에 대하여 출력 값이 어떻게 나올지를 예측했으며, 이를 예측자(predictor)라고 한다. 예측 값과 실제 값을 비교해 오차를 도출했으며, 이 오차를 기준으로 상수 c 라는 매개변수 값을 미세하게 상향 및 하향 조정함으로써 예측의 정확도를 높였다.

입력 값으로 길이 마일이 주어졌을 때 길이 센티미터를 계산해내는 예측자의 핵심에는 선형 함수가 있으며, 선형함수는 입력 값을 받아 출력 값을 출력했을 때 그 형태가 직선으로 나타나게 된다. 선형 함수에서 매개변수 값인 w 값을 조정함으로써 직선의 기울기(slope)를 변화시킬 수 있다. 선형 함수를 통한 예측에서 조금 더 발전시켜 직선의 기울기 변화를 이용하여 서로 다른 그룹으로 분류(classify)할 수 가 있으며, 이를 분류자(classifier)라고 한다.

임의의 2개의 그룹을 분리하는 문제를 해결하기 위하여 선형 분류자를 학습시켜 직선의 기울기를 어떻게 결정하는 가의 단순한 문제로 귀결시킬 수 있다. 일단 임의의 분할선으로 직선의 선형 함수를 이용한다.

$$y = w \cdot x$$

일반적으로 직선의 방정식은 $y = w \cdot x + b$로 표현되지만, 단순하게 사용하기 위해 b를 생략하고자 한다. 즉 $b = 0$이므로 이 직선은 원점을 지나고 매개변수 w에 의해서 직선의 기울기가 결정된다. w가 크면 클수록 기울기도 커진다.

만약 이 직선이 임의의 두 그룹을 전혀 분류하지 못한다면, 직선의 기울기를 좀 더 수정해야한다고 직관적으로 파악할 수 있으며, 알고리즘에 의하여 직선의 기울기를 반복적으로 조금씩 수정하여야 한다.

오차 = 목푯값 − 실제출력값

우리는 오차 e를 이용해 매개변수 w에 필요한 변화를 알기 원한다. 따라서 e와 w간의 관계를 알아야 하며, 이를 파악하면 하나의 값의 변화가 다른 값에 어떻게 영향을 미치는지를 이해할 수 있게 된다.

$$y = w \cdot x$$

w의 초깃값을 임의로 정해주면 우리는 잘못된 y 값을 얻게 된다. 목푯값을 t라고 표기하면, t를 얻기 위해 우리는 w를 조금씩 수정해 나가야 한다. 수학에서는 '작은 변화'를 나타낼 때 Δ(델타)라는 기호를 사용한다.

$$t = (w + \Delta w) \cdot x$$

기울기 w에서 새로운 기울기는 $(w+\Delta w)$임을 확인할 수 있다. 오차 e는 목푯값과 실제 출력값 간의 차이라는 점을 기억하여야 하며, $e = t - y$이다.

$$\begin{aligned} e &= t - y \\ &= (w + \Delta w) \cdot x - w \cdot x \\ &= w \cdot x + \Delta w \cdot x - w \cdot x \\ &= \Delta w \cdot x \end{aligned}$$

여기서 우리는 오차 e와 Δw가 매우 간단한 관계에 있음 확인할 수 있다. 임의의 두 그룹의 분류는 직선의 기울기 w를 개선하는 것이며, 직선의 기울기는 오차 e 값의 정보에 기초해 조정이 가능하다. 이를 위해 앞의 방정식을 다음과 같이 Δw에 관해서 다시 작성해 보면 다음과 같다.

$$\Delta w = \frac{e}{x}$$

이 식을 통해 e 값에 기초해 기울기 w를 Δw씩 업데이트하면서 최적의 기울기 w를 찾아 나가는 것이다. 최적의 기울기 w를 찾는 방법으로 기계 학습에서 매우 중요한 개념인 업데이트 정도를 조금씩 조정(moderate)하는 것이다. 각각의 새로운 w로 바로 점프하는 것이 아니라 Δw로 일부씩만 업데이트하는 것이다. 즉 기존 여러 번의 학습에 기초해 업데이트된 값을 유지하면서, 학습 데이터가 제시하는 방향으로 조금씩 움직이는 것이다. 이처럼 업데이트 정도를 조정해 나가는 방법은 뜻하지 않게 약간의 부작용도 수반한다. 실제 학습 데이터 자체에 문제가 있는 경우가 많으며, 학습 데이터 자체가 오차 또는 잡음을 포함하므로 완벽하게 정확하지 않으며 신뢰할 수 없는 경우도 많다. 이를 해결하는 방법으로 업데이트의 정도를 조정해 나가는 방법은 이러한 학습 데이터의 오차나 잡음의 영향을 약화시켜준다. 그러면 이 방법에 따라 우리의 방정식을 업데이트하면 다음과 같이 구성할 수 있다.

$$\Delta w = \eta \cdot \frac{e}{x}$$

기계학습에서는 이 조정 인자 η을 학습률(learning rate)라고 한다.

지금까지 입력을 받아 연산을 하고 답을 출력해주는 단순한 예측자와 분류자를 간략하게 살펴봤지만, 이러한 단순한 예측자와 분류자는 어려운 문제를 해결하기에는 매우 부족하며, 이를 선형 분류자의 한계라고 한다.

3.3 신경망의 전달 함수

생물학적 뇌의 기본 단위는 뉴런(neuron)으로 정의되며, 과학자들의 관찰에 의하면 뉴런은 입력을 받았을 때 곧바로 반응하지 않는다. 대신에 입력이 어떤 수준에 도달하는 경우에만 출력을 하게 된다. 즉 입력 값이 어떤 임계점(threshold)에 도달해야 출력이 발생하게 된다. 이처럼 입력 신호를 받아 특정 임계점을 넘어서는 경우에 출력신호를 생성해주는 함수를 활성화 함수(Activation function)이라고 한다.

수학적으로 다양한 활성화 함수가 존재하며, 활성화 함수 중 가장 단순한 형태가 계단 모양의 계단 함수(step function)와 S자 모양의 시그모이드 함수(sigmoid function)가 있다. 시그모이드 함수는 이진적인 계단함수보다 부드러운 형태를 가지며, 이는 보다 자연스러운 실제에 가깝다. 시그모이드 함수는 로지스틱 함수(logistic function)라고 부르며, 수식으로는 다음과 같이 표현된다. 수식에서 e라는 기호는 2.71828…이라는 값의 상수이며 초월함수이다.

$$y = \frac{1}{1+e^{-x}}$$

시그모이드 함수를 활성화 함수로 사용하는 또 다른 이유는 바로 시그모이드 함수가 다른 함수들보다 계산이 매우 편리하다는 점이다.

이제 인공 뉴런을 어떻게 모델화할 것인지가 매우 중요하며, 인지해야 할 점은 실제 생물학적 뉴런은 한 개의 입력이 아니라, 여러 개의 입력을 받는다는 점이다. 뉴런은 여러 개의 입력을 받아 각각의 입력을 더한 후에 이 합을 전달 함수의 입력 값으로 전달하게 되며, 전달 함수는 이 입력 값을 이용해 출력 값을 생성하게 된다. 이러한 과정을 다음의 그림으로 표현할 수 있다.

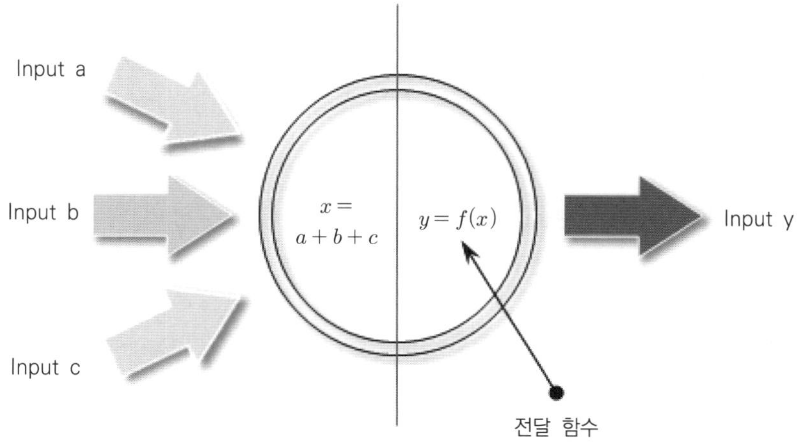

생물학적 뉴런을 인공적으로 모델화하면 뉴런들을 여러 계층(layer)에 걸쳐 위치시키고, 각각의 뉴런은 직전 계층과 직후 계층에 있는 모든 뉴런들과 상호 연결되어 있는 식으로 표현하면 되며, 이를 그림으로 표현하면 다음과 같다.

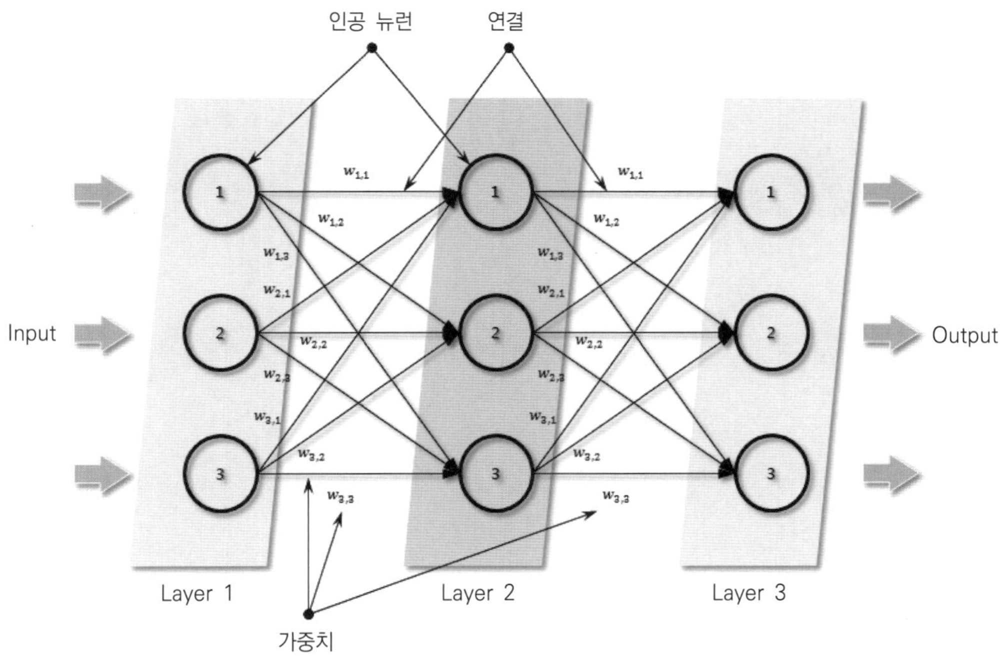

위의 그림에는 3개의 계층이 있으며, 각각의 계층에는 뉴런이 3개씩 존재함을 확인할 수 있다. 이 각각의 인공 뉴런을 노드(node)라도 부르며, 각 노드는 직전 계층과 직후 계층에 존재하는 다른 모든 노드와 연결되어 있다는 점도 확인할 수 있다.

이러한 구조에서 어떻게 학습 데이터를 통해 학습을 진행하며, 어떤 매개변수를 어떻게 조정할 것인가가 중요한 문제이다. 우선 분명한 것 한 가지는 노드 간 연결의 강도를 조정해나가야 한다는 점이다. 하나의 노드 내에서 입력 값들의 합을 조정하거나 시그모이드 함수의 형태를 조정할 수 있지만, 이는 단순히 노드 간 연결의 강도를 조정하는 것보다 훨씬 복잡한 작업이다. 연결된 노드들의 표현에서 각각의 연결에 적용할 가중치(weight)를 함께 표현하며, 낮은 가중치는 신호를 약화시키며 높은 가중치는 신호를 강화하는 역할을 수행하게 된다.

3.4 신경망의 가중치

신경망의 가중치 계산 과정을 단순화하기 위해 단지 2개 뉴런으로 구성된 신경망을 살펴보며, 단계별로 과정을 설명하고자 한다. 이를 그림으로 표현하면 다음과 같다.

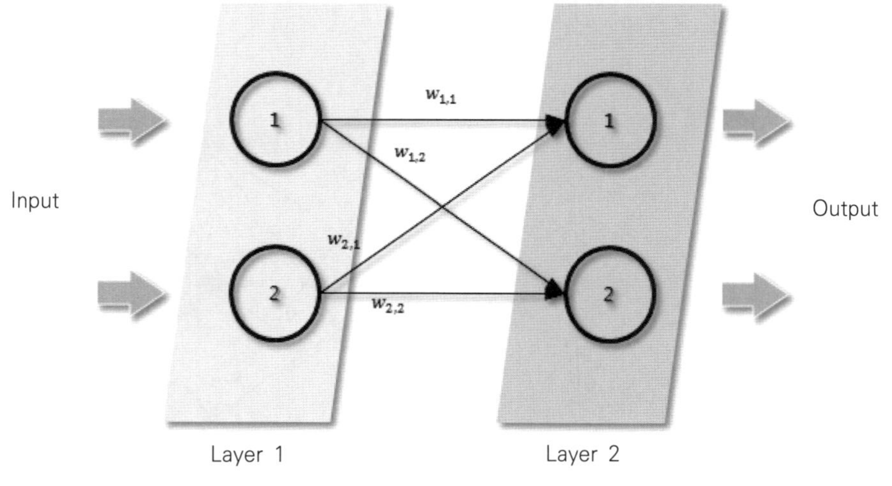

앞에서 언급한 것처럼 각 노드는 각 입력 값의 합을 구한 후 활성화 함수를 통해 이를 출력한다. 활성화 함수는 앞서 언급한 시그모이드 함수를 사용한다. 시그모이드 함수에서 x는 입력 값의 합을, y는 출력 값을 의미한다. 가중치의 초기화는 일단 임의의 값으로 초기화 한다. 이처럼 가중치의 초기 값을 임의의 값으로 지정하는 것은 인공신경망에서는 일반적이다.

이제 신경망의 계산을 시작해 보자.

첫 번째 계층은 입력 계층이므로 입력 신호 값을 표현하는 것 외에는 어떤 작업도 필요하지 않는다.

다음으로 계층 2에서는 계산을 수행할 것이다. 계층 2에 존재하는 각각의 노드로 들어오는 입력 값들의 합에 대해 작업을 해야 한다. 시그모이드 함수에서 바로 x가 해당 노드로 들어온 입력 값들에 가중치를 곱한 값들의 합이며, 입력된 신호를 조정하기 위해 가중치가 추가되어 진다.

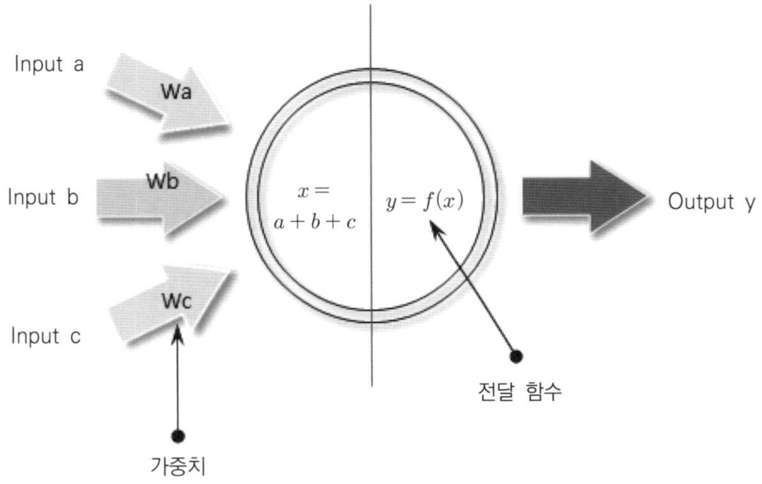

먼저, 계층 2의 노드 1을 살펴보면, 입력 계층의 2개 노드가 모두 연결되어 있다. 따라서 입력 값들에 대해 가중치를 곱하고 합계를 낸 값은 다음과 같이 계산된다.

$$x = (\text{노드1의 출력값} * \text{가중치}) + (\text{노드2의 출력값} * \text{가중치})$$

이를 입력의 합이라고 하며, 이렇게 입력의 합을 구하는 것을 조합(combine)한다고 표현한다. 입력 값에 의한 단순한 결과를 신호를 조정하는 가중치에 의해서 학습이 진행되며, 신경망에서 학습을 하는 대상은 가중치이다. 즉 좀 더 나은 결과를 얻기 위해 가중치의 값을 반복적으로 업데이트해 나가는 것이 바로 신경망의 학습이다.

이러한 절차로 계층 2의 노드 1로 들어오는 입력의 합을 계산하며, 시그모이드 활성화 함수에 이 입력 값을 넣어 줌으로써 최종적으로 이 노드의 출력 값을 계산하게 된다. 또한 계층 2의 노드 2 또한 동일한 절차로 계산하게 된다.

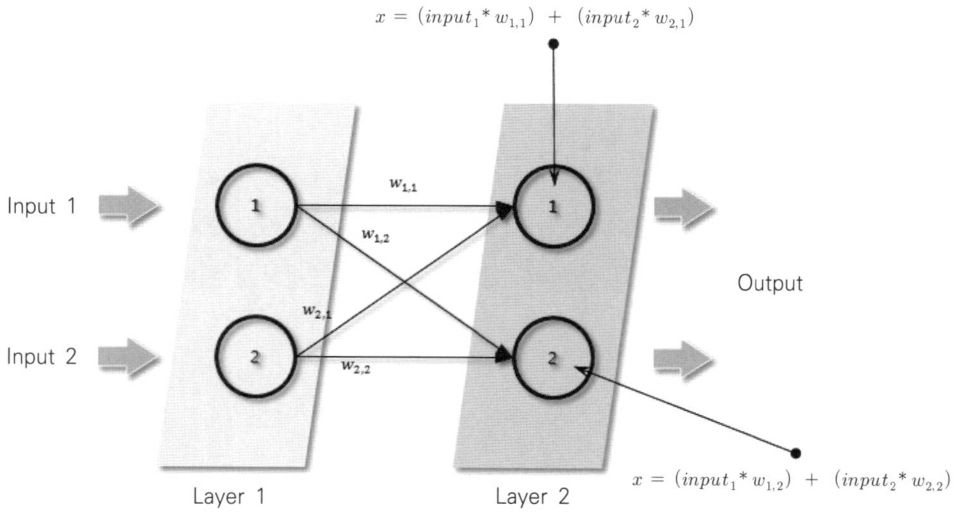

3.5 신경망의 구조

계층이 3이며 각각 3개의 노드를 가지는 신경망에서 계층 1은 입력 계층(input layer)이라 하며, 계층 2는 은닉 계층(hidden layer), 그리고 계층 3을 출력 계층(output layer)이라고 하며, 아래의 그림과 같이 나타낸다.

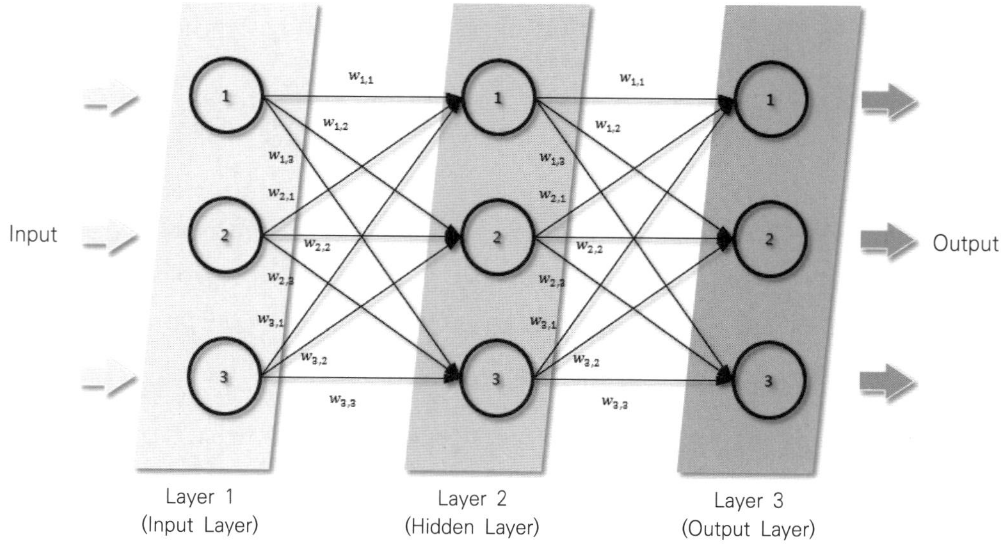

입력계층인 제 1계층은 입력 값이 3개가 존재하며 입력 행렬 X_1 는 다음과 같이 표현할 수 있다.

$$X_1 = (x_1, x_2, x_3)$$

은닉 계층의 각 노드는 입력 계층의 모든 노드와 연결되어 있으므로 각 입력 신호로부터 어느 정도씩 영향을 받게 된다. 이를 행렬로 표현하면 쉽게 구현된다. 입력계층(제 1계층)과 은닉계층(제 2계층) 간의 가중치의 행렬을 $W_{1,2}$이라고 하고 입력계층에서 은닉계층으로 들어오는 입력 값을 X_2라고 하자.

$$X_2 = X_1 \cdot W_{1,2}$$

이와 동일하게, 은닉계층(제 2계층)과 출력계층(제 3계층) 간의 가중치의 행렬은 $W_{2,3}$ 이라고 표현한다. 신호를 보다 자연스럽게 전달하기 위해 은닉계층으로 들어온 입력 값에 시그모이드 활성화 함수를 적용했으며, 은닉계층의 각각의 노드에 이를 적용하여 최종적으로 은닉계층의 결괏값을 계산했다.

$$O_2 = sigmoid(X_2)$$

지금까지 입력계층의 입력 값 X_1과 가중치 $W_{1,2}$를 행렬 곱 연산을 수행해 은닉계층의 입력값 X_2을 계산했으며, 이 값에 활성화 함수를 적용함으로써 최종적으로 은닉계층의 결괏값 O_2을 계산했다. 같은 방법의 제 3계층인 출력계층의 값을 구할 수 있다.

$$X_3 = O_2 \cdot W_{2,3}\,,\quad O_3 = sigmoid(X_3)$$

신경망의 구조는 초기 입력 신호를 가중치와 조합하여 마지막 계층 방향으로, 즉 순방향으로 전달(Input Layer → Hidden Layer → output Layer)하는 모양을 갖게 되며, 이러한 방식을 순방향 전파법(forward propagation)이라고 한다.

3.6 가중치의 학습과 오차역전파법

이 장에서는 가중치를 학습시키기 위하여 오차역전파법을 사용한 경사하강법(gradient descent method)을 이용하고자 한다. 경사하강법은 최솟값을 찾기 위한 반복법에서 하강경사 방향인 그래디언트를 찾아서 다음 반복을 업데이트 시키는 방법이다. 이러한 그래디언트를 찾기 위한 방법의 하나로 오차역전파법(error back propagation method)은 수학적 그래디언트를 계산 하는 대신 순전파를 통하여 구한 결괏값과 목푯값과의 오차에서 출발하여 기존의 계산 결과들을 순차적인 역방향으로 단순 연산을 통해 그래디언트를 구하는 매우 빠른 방법이다. 각 함수의 기울기 함수인 그래디언트와 합성함수의 그래디언트를 구하는 방법은 이미 이전 장에서 다룬 바가 있어 이를 참조하여 오차역전파법을 알아보고자 한다.

인공신경망의 순전파를 통하여 얻은 결괏값을 $Y=(Y_1, Y_2, \cdots, Y_m)$ 라고 하고 목푯값인 t와의 오차인 $Y-t$에 대한 함숫값을 최소 제곱 값으로 주는 오차함수(loss function) L을 다음과 같이 정의하자.

$$L(Y) = \frac{1}{2}(Y-t)\cdot(Y-t)^T = \frac{1}{2}\sum_{j=1}^{m}(Y_j-t_j)^2$$

그러면 위 오차함수의 그래디언트는 다음과 같이 결괏값과 목푯값의 오차로 나타난다.

$$\frac{DL}{DY} = Y-t \ : \ 1\times m \ \text{행렬}$$

한편, Y를 $1\times n$ 입력 행렬 X 와 $n\times m$ 가중치 행렬인 W 의 내적으로 주는 순전파 결괏값으로 생각하면 그래디언트는 다음과 같이 주어진다.

$Y = X\cdot W$ 이면

$$\frac{DY}{DX} = W^T \ : \ m\times n \ \text{행렬}$$

$$\frac{DY}{DW} = X^T \ : \ n\times 1 \ \text{행렬}$$

그러면 합성함수인

$$L(Y) = L(X\cdot W) = \frac{1}{2}(X\cdot W-t)\cdot(X\cdot W-t)^T$$

의 X에 대한 그래디언트를 역전파인 순차적 행렬 곱으로 구할 수 있다.

$$\frac{DL}{DX} = \frac{DL}{DY} \cdot \frac{DY}{DX} = (Y-t) \cdot W^T \ : \ 1 \times n \ \text{행렬}$$

같은 방법으로 합성함수 $L(X \cdot W)$의 W에 대한 $n \times m$ 행렬인 그래디언트는 다음과 같다.

$$\frac{DL}{DW} = \frac{DY}{DW} \cdot \frac{DL}{DY} = X^T \cdot (Y-t) \ : \ n \times m \ \text{행렬}$$

반복하여 이런 기울기 함수를 구하여야 하므로,

$$Y = X \cdot W$$

에 대하여 곱하는 위치를 고려하여 다음과 같이 간단하게 생각하면 편리할 것으로 보인다.

$$\frac{DY}{DX} = \cdot \ W^T, \quad \frac{DY}{DW} = X^T \cdot$$

즉, 변수가 앞에 곱해지면 그래디언트는 뒤에 곱해지고, 순서가 바뀌면 그 반대로 생각하면 된다.

이제 위의 결과를 신경망을 이용하여 표현해 보자. 순전파와 역전파의 흐름은 아래와 같다.

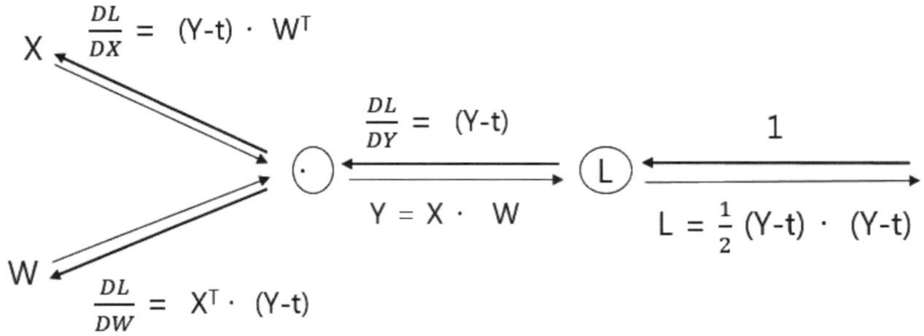

만약 $L(Y)$를 시그모이드 함수로 선택한다고 해 보자.

$$Z = \frac{1}{1+\exp(-Y)}$$

그러면 이 함수의 기울기 함수인 그래디언트는 다음과 같다.

$$\frac{DL}{DY} = \frac{DZ}{DY} = Z^{*}\,(1-Z) \qquad \text{(*는 각 성분끼리 곱하는 연산이다)}$$

위의 결과는 스칼라 시그모이드 함수의 미분을 각 성분으로 선택한 결과이다.

$$z = \frac{1}{1+\exp(-y)} \quad \text{이면}$$

$$\frac{dz}{dy} = \frac{\exp(-y)}{(1+\exp(-y))^2} = \frac{1}{(1+\exp(-y))} * \left(1-\frac{1}{(1+\exp(-y))}\right) = z^{*}(1-z)$$

그러므로 다음의 그래디언트 결과를 얻게 된다.

$$\frac{DL}{DW} = \frac{DY}{DW} \cdot \frac{DL}{DY} = X^T \cdot \left(Z^{*}(1-Z) \right) \quad : n \times m \ \text{행렬}$$

이 경우의 순전파와 역전파의 흐름은 다음과 같다. 단, S는 시그모이드 함수이다.

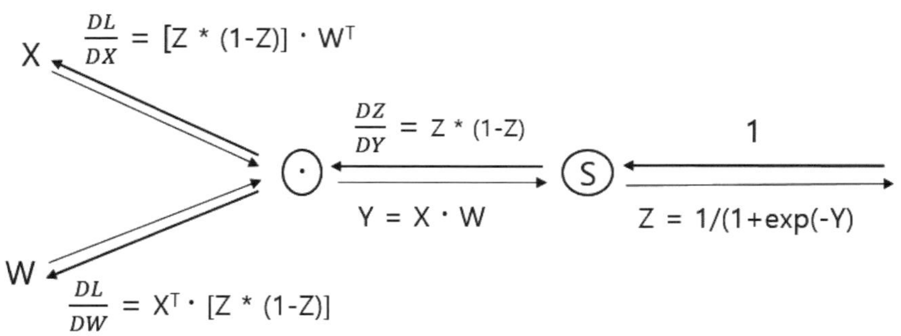

이번에는 $Y = X + B$와 같이 합으로 주는 경우를 생각해 보자. 이는 다음을 만족한다.

$$\frac{DY}{DX} = 1, \qquad \frac{DY}{DB} = 1$$

이 경우의 순전파와 역전파의 흐름은 다음과 같다.

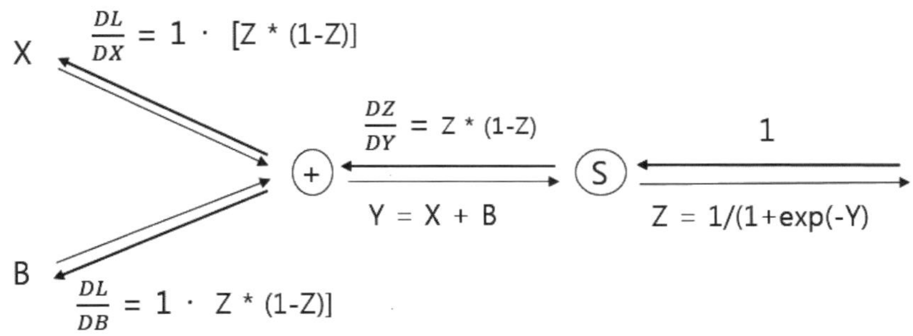

신경망에서 보통 입력 값을 X로 주고 편향을 B라고 두면 다음 계층의 값을 Affine 계층으로 계산하면 $Y=X\cdot W+B$가 된다. 이런 경우 간단한 수학을 이용하면 단순한 행렬 곱의 계산으로 처리할 수 있다. 즉, X에 마지막 벡터 값으로 1을 추가하여 새로운 X를 정의하고 W의 마지막 행에 B를 추가하여 새로운 W라고 두면 같은 결과인 Y 를 얻게 된다.

$$X=[X,1] \ : \ 1\times(n+1), \qquad W=\begin{bmatrix} W \\ B \end{bmatrix} \ : \ (n+1)\times m$$

이제 앞에서 보였던 3계층에 대한 가중치 학습에 대하여 알아보자.

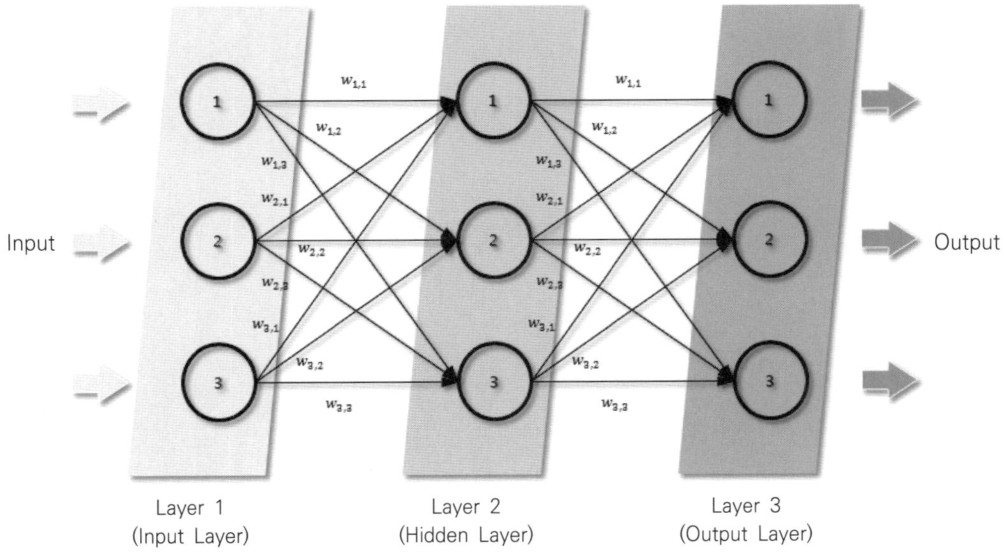

위의 모델에 대한 신경망은 아래와 같다.

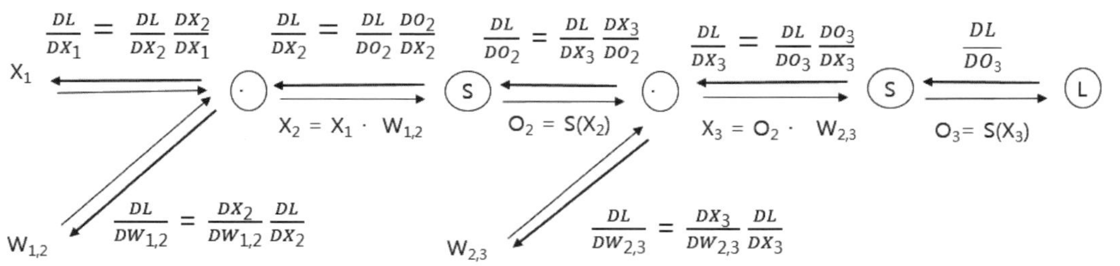

여기서 오차함수를 $L(O_3) = \frac{1}{2}(O_3 - t) \cdot (O_3 - t)^T$ 라고 두고 역전파 계산을 한번 해보자. 가장 먼저

$$\frac{DL}{DO_3} = O_3 - t \quad \text{과} \quad \frac{DO_3}{DX_3} = O_3 * (1 - O_3)$$

를 계산하면 X_3의 오차 역전파를 다음과 같이 구할 수 있다

$$\frac{DL}{DX_3} = \frac{DO_3}{DX_3} * \frac{DL}{DO_3} = [O_3 * (1 - O_3)] * [O_3 - t]$$

이 경우, $O_3 = S(X_3) = (\ S([X_3]_j))$는 각 성분에 대하여 단순 함수인 시그모이드 함수를 취한 것이므로 그래디언트는 행렬 곱이 아닌 오차와의 성분별 단순 곱으로 준다.

연속적으로 $W_{2,3}$와 O_2에 대한 오차 역전파를 계산하자.

$$\frac{DL}{DW_{2,3}} = \frac{DX_3}{DW_{2,3}} \cdot \frac{DL}{DX_3} = O_2^T \cdot \frac{DL}{DX_3} = O_2^T \cdot \left|(O_3 * (1 - O_3)) * (O_3 - t)\right|$$

$$\frac{DL}{DO_2} = \frac{DL}{DX_3} \cdot \frac{DX_3}{DO_2} = \frac{DL}{DX_3} \cdot W_{2,3}^T = \left|(O_3 * (1 - O_3)) * (O_3 - t)\right| \cdot W_{2,3}^T$$

그러면 X_2에 대한 오차 역전파를 구할 수 있다. 이때도 $O_2 = S(X_2)$는 성분별 시그모이드 함숫값으로 주는 것이기 때문에 행렬 곱이 아닌 성분별 단순 곱으로 준다.

$$\frac{DL}{DX_2} = \frac{DO_2}{DX_2} * \frac{DL}{DO_2} = \left|O_2 * (1 - O_2)\right| * \frac{DL}{DO_2}$$

마지막으로 $W_{1,2}$와 X_1에 대한 오차 역전파를 계산하자.

$$\frac{DL}{DW_{1,2}} = \frac{DX_2}{DW_{1,2}} \cdot \frac{DL}{DX_2} = X_1^T \cdot \frac{DL}{DX_2}$$

$$\frac{DL}{DX_1} = \frac{DL}{DX_2}\frac{DX_2}{DX_1} = \frac{DL}{DX_2} \cdot W_{1,2}^T$$

지금까지 우리는 오차에서 출발하여 오차를 구하기까지 찾아 놓은 중간 단계의 결괏값을 이용하여 역방향으로 단계별 단순 곱을 통하여 가중치 행렬의 그래디언트를 찾았다.

이제 위에서 찾아 놓은 가중치 행렬의 그래디언트를 이용하여 오차함수 $L(W_{1,2}, W_{2,3})$을 최소화시키기 위한 경사하강법이 준비되었다. 처음 예측 가중치 $W_{1,2}$와 $W_{2,3}$를 선택하고 $L(W_{1,2}, W_{2,3})$을 계산한 후, 적당한 학습률 η를 선택하여 새로운 가중치 행렬로 업데이트 시킨다.

$$W_{1,2} = W_{1,2} - \eta \frac{DL}{DW_{1,2}}, \qquad W_{2,3} = W_{2,3} - \eta \frac{DL}{DW_{2,3}}$$

오차함수의 결괏값이 만족하는 결과가 나올 때까지 이 과정을 반복 수행하면 된다.

Chapter 4

신경망의 이해 II

4.1 인공 신경망의 기본 프레임 만들기

신경망 구축 과정을 단계별로 나눠 파이썬 코드로 조금씩 추가하여 작성하도록 한다. 이 장에서 우리가 작성하게 될 신경망의 순전파와 역전파의 그림은 다음과 같다.

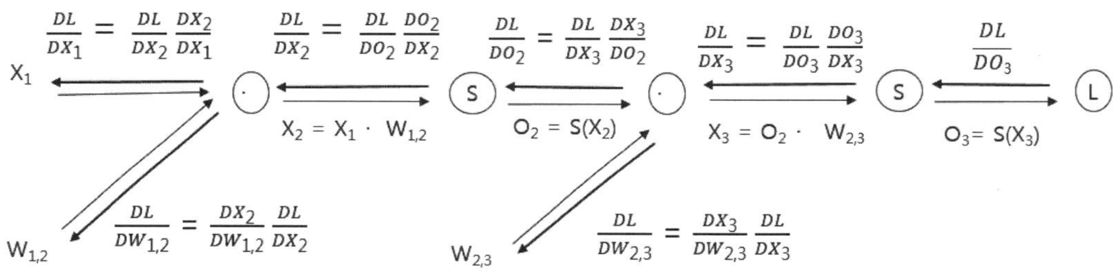

이 장에서는 위의 신경망을 바탕으로 하나의 입력 값 X1을 받아들여 고정시키고 신경망을 통한 결괏값 O3이 목푯값 t에 근접하도록 두 개의 가중치 행렬들을 훈련시키는 파이썬 프로그램을 먼저 작성하고자 한다. 두 번째는 어떤 입력 값을 받더라도 결괏값이 목푯값에 근접하도록 매 학습 때마다 학습 데이터인 입력 값을 새로운 난수로 받아 들여 가중치 행렬들을 훈련시키는 프로그램을 작성하고자 한다. 처음의 학습 코드를 작성하고 나면 두 번째 학습 방법은 매우 실행 단계에서 매우 쉽게 수행 할 수 있으므로 첫 번째의 코드에 집중하여 알아보기로 하자.

신경망은 최소한 다음의 네 가지 기능을 가져야 한다.

- **초기화(initiation):** 입력, 은닉, 출력 노드의 수 설정
- **예측(predict):** 신경망의 입력 값과 목푯값을 받아 연산한 후 출력 값과 오차를 예측
- **학습(train):** 입력 값에 대하여 가중치 행렬을 업데이트 하는 학습을 수행
- **실행(perform):** 위에서 작성한 함수들을 반복적으로 수행하고 출력

실제적으로 더 많은 기능이 필요하겠지만 우선 단순하게 시작해 보자. 작성하고자 하는 신경망 클래스는 다음과 같은 형태를 가지게 될 것이며, 추가적으로 코드를 붙여나가면서 완성될 예정이다. 실행 모듈은 신경망 클래스 안에 정의하지 않고 독립적으로 작성할 것이다. 이는 다양한 방법으로 결과 출력을 위한 실행이 가능하기 때문에 실행 모듈을 독립적으로 작성하고 신경망 클래스를 불러들여 원하는 작업을 수행할 것이다.

Source Code

```
class myNet:

        def __init__():
                pass

        def predict():
                pass

        def train():
                pass
```

Result

```
Python 3.6.4 Shell
File  Edit  Shell  Debug  Options  Window  Help
Python 3.6.4 |Anaconda, Inc.| (default, Jan 16 2018, 10:22:32) [MSC v.1900 64 b
it (AMD64)] on win32
Type "copyright", "credits" or "license()" for more information.
>>> class myNet:

        def __init__():
                pass

        def predict():
                pass

        def train():
                pass


>>>
                                                              Ln: 15  Col: 4
```

4.2 신경망 초기화

신경망의 초기화 과정은 입력 계층의 노드, 은닉 계층의 노드, 그리고 출력 계층의 노드 수를 설정해야 하며, 이 과정을 통해서 신경망의 형태와 크기를 정의하게 된다. 신경망의 형태와 크기를 신경망 내에 직접 정의하기보다는 신경망의 객체가 생성될 때 매개변수를 이용하여 정의할 것이다. 이러한 코딩 기법은 다른 형태와 크기를 갖는 새로운 신경망을 간단한 수정으로 손쉽게 생성이 가능하게 된다.

초기화에서 중요한 것은 학습률(learning rate)이며, 학습률은 새로운 신경망을 만들 때 매우 중요한 매개변수이다. 이 학습률은 정의는 초기화에서 줄 수도 있지만 신경망 반복 과정 중에서 변화를 줄 수 있으므로 우리는 예측단계인 predict() 함수에서 주리로 한다. 이러한 원칙에 의하여 __init()__ 함수를 다음과 같이 작성한다.

Source Code

```
class myNet:
    def __init__(self, node1, node2, node3):
        self.node1 = node1
        self.node2 = node2
        self.node3 = node3
        self.lr = None

        pass

    def predict():
        pass

    def train():
        pass
```

Result

```
Python 3.6.4 Shell
File  Edit  Shell  Debug  Options  Window  Help
Python 3.6.4 |Anaconda, Inc.| (default, Jan 16 2018, 10:22:32) [MSC v.1900 64
bit (AMD64)] on win32
Type "copyright", "credits" or "license()" for more information.
>>> class myNet:
    def __init__(self, node1, node2, node3, lr):
        self.node1 = node1
        self.node2 = node2
        self.node3 = node3
        self.lr = lr

        pass

    def predict():
        pass

    def train():
        pass

>>> |
                                                        Ln: 18  Col: 4
```

위의 코드를 이용하여 이전에 작성했던 신경망의 클래스 정의 부분에 추가한다. 그리고 다음의 코드와 같이 각각의 계층에 3개의 노드를 가지며, 학습률 2.0의 신경망 객체를 하나 생성해 보자.

```
>>> N = myNet(3, 4, 3, 2.0)
```

4.3 신경망의 가중치

다음으로 노드들과의 연결 노드를 생성하는 코드를 작성하며, 신경망에서 가장 중요한 부분이 바로 연결 노드들 간의 가중치이다. 가중치는 전파 시 전달되는 신호와 역전파(back propagation)시 오차를 계산하는 데 사용되며, 이를 통해 신경망을 개선하는 역할을 수행하게 된다.

신경망의 가중치는 행렬로 간결하게 표현될 수 있으며, 다음과 같이 만들 수 있다.

- $W_{1,2}$ 입력계층과 은닉계층 사이의 가중치 행렬
- $W_{2,3}$ 은닉계층과 출력계층 사이의 가중치 행렬

초기 가중치는 모두 0 또는 1로 주는 것도 상관없지만 우리는 난수(random number)로 주고자 한다. numpy 함수의 0과 1 사이에서 임의로 선택한 값을 원소로 가지는 난수 행렬을 생성하기 위하여 numpy의 확장 모듈을 이용한다. 이를 위해서는 해당 라이브러리를 import numpy as np 명령으로 불러들여 약어인 np 모듈로 사용한다. 한편, 정규분포를 이용하여 가중치를 보다 정교하게 초기화할 수 있으며, 우리는 평균이 0이고 표준편차가 $1/\sqrt{노드의\ 수}$ 인 정규분포에 따라 가중치 행렬을 주고자 한다. 현재까지 작성된 파이썬 코드는 다음과 같다.

```
import numpy as np
from scipy.special import expit # sigmoid 함수

class myNet:
    def __init__(self, node1, node2, node3):
        self.node1 = node1
        self.node2 = node2
        self.node3 = node3
        self.lr = None
        self.W12 = np.random.normal(0.0, pow(self.node2,-0.5),
                            (self.node1, self.node2))
        self.W23 = np.random.normal(0.0, pow(self.node3,-0.5),
                            (self.node2, self.node3))
        self.X1 = None
        self.t = None

        pass

    def predict():
        pass

    def train():
        pass
```

4.4 신경망의 예측

predict() 함수는 처음으로 신경망 안으로 입력 값과 목푯값을 정의하고 신경망의 순전파를 통한 결괏값을 알려주는 함수이다. 단순한 작업이지만 입력계층부터 은닉계층을 거쳐 최종 출력계층까지 수행하여야 한다. 또한 교사 신호는 은닉 노드와 출력 노드로 전달될 때 가중치 연산과 활성화 함수를 적용하여야 한다. 데이터를 입력하는 단계인 이 함수에서 우리는 학습률을 정의할 것이다.

먼저, 처음 입력 계층에서 받은 입력 값 inputs와 목푯값으로 사용할 targets을 각각 X1과 t 로 클래스 내에서 지속적으로 사용할 수 있게 self로 지정하고 numpy의 array로 지정한다. 신경망에서 계산은 모두 행렬 곱으로 이루어지므로 reshape 함수를 사용하여 행렬로 변환한다.

```
self.X1 = np.array(inputs).reshape(1, self.node1)
self.t = np.array(targets).reshape(1, self.node3)
self.lr = lr
```

입력 계층과 은닉 계층 사이의 가중치 행렬은 입력 행렬과 조합되어 은닉 계층으로 들어오는 신호가 되며 다음과 같이 파이썬 코드로 표현된다.

X_2 = np.dot(self.X_1, self.W12)

이처럼 간단한 파이썬 코드로 모든 입력 값과 가중치를 연산함으로써 은닉 계층의 각 노드로 들어오는 신호를 계산한다. 입력 계층이나 은닉 계층의 노드의 수가 달라지더라도 코드를 다시 작성할 필요가 없다.

이제 은닉 계층으로부터 나오는 신호를 구하려면 시그모이드 함수를 적용하면 된다.

```
O2 = sigmoid(X2)
```

시그모이드 함수는 파이썬 라이브러리에 이미 정의되어 있으며, scipy 라는 파이썬 라이브러리에는 일련의 특수 목적의 함수들이 정의되어 있는데 그 중 시그모이드 함수는 expit()이라는 이름으로 정의되어 있다.

```
from scipy.special import expit
```

활성화 함수에 약간의 변화를 주거나, 아니면 때로는 다른 활성화 함수로 교체하는 경우도 있을 수 있으므로, 활성화 함수를 신경망 객체의 초기화 부분에 정의해 둔다. 예를 들어 predict() 함수를 한번 정의해두면 필요할 때마다 여러 번 이를 참조할 수 있는 것처럼 활성화 함수에 변화를 줘야할 때 초기화 코드 부분에서 한 번만 변경하면 활성화 함수가 사용되는 다른 부분들에서는 코드를 찾아 변경할 필요가 없다. 다음과 같이 활성화 함수를 신경망의 초기화 부분에 정의하자.

```
self.act_ft = lambda x: expit(x)
```

이 코드에서 lambda는 간결하게 적어서 함수를 하나 생성하여 준다. 일반적으로 def()에 의한 함수 정의 대신에, 람다를 사용하면 빠르고 쉽게 함수를 생성할 수 있다. 여기에서 람다 함수는 x를 매개변수로 전달받아 시그모이드 함수인 expit(x)를 반환하게 된다. 람다에 의해 생성되는 함수는 이름이 없기 때문에 self.act_ft에 할당하며, 활성화 함수를 사용할 필요가 있으면 self.act_ft()을 호출하면 된다.

은닉 노드로 입력 신호에 활성화 함수를 적용하고 싶다면, 다음의 코드처럼 간단하게 이루어진다.

```
O2 = self.act_ft(X2)
```

이제 은닉 계층의 노드로부터 나가는 신호들은 O2 라는 이름의 행렬로 생성된다. 지금까지 은닉 계층을 살펴봤으며, 사실 은닉 계층과 출력 계층 노드 사이에 차이점은 없기 때문에 과정은 동일하며, 코드가 거의 비슷하다.

은닉 계층과 출력 계층에서의 신호의 계산을 다음과 같이 정리하며, 은닉 계층과 출력 계층 모두 4 줄의 코드로 필요한 모든 연산을 처리하게 된다.

```
X2 = np.dot(self.X1, self.W12)
O2 = self.act_ft(X2)

X3 = np.dot(X2, self.W23)
O3 = self.act_ft(X3)
```

마지막으로 결괏값으로 찾은 O3와 참값의 오차를 계산하는 Loss 함숫값은 다음과 같이 준다.

```
Loss = 0.5 * np.dot( O3-self.t, (O3-self.t).T )
```

이제 오차와 결괏값을 반환하는 predict() 함수는 다음과 같이 정의 되었다.

```
def predict(self, inputs, targets, lr):
    self.X1 = np.array(inputs).reshape(1, self.node1)
    self.t  = np.array(targets).reshape(1, self.node3)
    self.lr = lr

    X2 = np.dot( self.X1, self.W12 )
    O2 = self.act_ft(X2)

    X3 = np.dot( X2, self.W23 )
    O3 = self.act_ft(X3)
    Loss = 0.5*np.dot( O3-self.t, (O3-self.t).T )

    return Loss, O3
```

4.5 신경망의 학습

이제는 신경망을 학습시킬 차례이며, 학습에는 두 가지 단계가 있다.

- 첫 번째는 단계는 주어진 학습 데이터에 대해 결괏값을 계산해내는 순전파 단계이다.
- 두 번째는 오차에서 출발하여 순전파에서 계산해 놓은 값으로 역전파시켜 가중치 행렬을 업데이트하는 단계이다.

첫 번째 단계는 predict() 함수에서 준 것과 똑같은 과정을 가진다.

```
def train(self):
    X2 = np.dot( self.X1, self.W12 )
    O2 = self.act_ft(X2)
```

```
X3 = np.dot(X2 , self.W23)
O3 = self.act_ft(X3)

Loss = 0.5*np.dot( O3-self.t, (O3-self.t).T )
```

이제 계산 값과 실제 값 간의 오차를 기반으로 신경망의 동작에서 핵심이 되는 가중치를 업데이트하는 두 번째 단계를 진행해 보자.

먼저 오차를 계산해야 하는데, 오차는 학습 데이터에 의해 제공되는 실제 값과 우리가 계산한 결괏값 간의 차이의 제곱의 합으로 정의되어 있다.

$$L(O_3) = \frac{1}{2}(O_3 - t) \cdot (O_3 - t)$$

그러면 오차의 미분은 (실제 값 행렬 - 계산 값 행렬)이 된다.

$$\frac{DL}{DO_3} = O_3 - t$$

앞으로 각각의 오차함수 L에 대한 변수 V의 미분을 다음과 같이 간단히 표현하기로 하자.

$$dV = \frac{DL}{DV}$$

예를 들면 $dO_3 = \frac{DL}{DO_3}$, $dX_2 = \frac{DL}{DX_2}$, $dW_{1,2} = \frac{DL}{DW_{1,2}}$ 등과 같다.

시그모이드 함수의 미분을 고려하고 오차역전파법을 사용하면 다음과 같은 가중치 계산의 파이썬 코드를 작성할 수 있다.

```
dO3 = O3 - self.t
dX3 = dO3 * ( O3 * (1-O3) )
dW23 = np.dot( O2.T , dX3 )
dO2 = np.dot( dX3, self.W23.T )
dX2 = dO2 * ( O2*(1-O2) )
dW12 = np.dot( self.X1.T, dX2 )
```

우리의 목표는 가중치 행렬의 하강방향인 dW23과 dW12만 찾으면 되므로 많은 변수를 만드는 것보다 dout 변수를 계속 업데이트 시키는 것이 효율적이다. 그러므로 다음과 같이 순서대로 계산하는 것이 더 좋을 것이다.

```
dout = O3 - self.t
dout = dout * ( O3 * (1-O3) )
dW23 = np.dot( O2.T , dout )
dout = np.dot( dout, self.W23.T )
dout = dout * ( O2*(1-O2) )
dW12 = np.dot( self.X1.T, dout )
```

최종 계층 간의 가중치 업데이트 파이썬 코드는 다음과 같다.

```
self.W23 -= self.lr * dW23
self.W12 -= self.lr * dW12
```

학습 진행 과정을 살펴보기 위하여 반환 값으로 Loss를 돌려준다. 이렇게 완성된 train() 함수를 포함하는 전체 파이썬 코드로 다음과 같다.

Source Code

mynet.py

```
import numpy as np
from scipy.special import expit # sigmoid 함수

class myNet:
    def __init__(self, node1, node2, node3):
        self.node1 = node1
        self.node2 = node2
        self.node3 = node3
        self.lr = None
        self.W12 = np.random.normal(0.0, pow(self.node2,-0.5), (self.node1, self.node2))
        self.W23 = np.random.normal(0.0, pow(self.node3,-0.5), (self.node2, self.node3))
        self.act_ft = lambda x: expit(x)
        self.X1 = None
        self.t = None
        pass
```

```
    def predict(self, inputs, targets, lr):
        self.X1 = np.array(inputs).reshape(1, self.node1)
        self.t  = np.array(targets).reshape(1, self.node3)
        self.lr = lr

        X2 = np.dot( self.X1, self.W12 )
        O2 = self.act_ft(X2)

        X3 = np.dot( X2 , self.W23 )
        O3 = self.act_ft(X3)
        Loss = 0.5*np.dot( O3-self.t, O3-self.t )

        return Loss, O3

    def train(self):
        X2 = np.dot( self.X1, self.W12 )
        O2 = self.act_ft(X2)

        X3 = np.dot( X2 , self.W23 )
        O3 = self.act_ft(X3)

        Loss = 0.5*np.dot( O3-self.t, (O3-self.t).T )

        dout = O3 - self.t                   # dO3
        dout = dout * ( O3 * (1-O3) )        # dX3

        dW23 = np.dot( O2.T, dout )           # dw23

        dout = np.dot( dout, self.W23.T )    # dO2
        dout = dout * ( O2*(1-O2) )          # dX2

        dW12 = np.dot( self.X1.T, dout )     # dW12
        dout = np.dot( dout, self.W12.T)     # dX1

        self.W23 - = self.lr * dW23
        self.W12 - = self.lr * dW12

        return Loss, O3
```

4.6 신경망의 실행

이제는 잘 만들어진 신경망을 실행시키기 위하여 실행 모듈인 perform.py를 작성하고자 한다. 실행을 위해서는 각 노드의 수와 입력 값 및 목푯값을 선택하고 학습률을 결정하여야 한다. 이를 수행하기 전에 먼저 mynet.py에 작성된 모듈들을 불러오고 각 데이터 값을 정의하자.

```
from mynet import *
node1 = 3
node2 = 4
node3 = 3
lr = 2.0
```

그런 다음 myNet 클래스를 이용하여 신경망 N을 정의한다.

```
N = myNet(node1, node2, node3)
```

이 장에서는 입력 값과 목푯값을 다음과 같이 설정한다.

```
X1 = np.array([1.0, 1.0, 1.0])
t = np.array([0.4, 0.7, 0.4])
```

이제 예측함수를 통하여 입력 값 및 목푯값과 학습률을 정의한다. 여기에서는 결괏값을 참조 할 수도 있지만 입력을 주는 것으로 사용하기로 한다.

```
N.predict(X1, t, lr)
```

이제 학습 반복을 위하여 다음과 같은 반복문을 작성해 보자. 이 반복에서 오차값이 10^{-7} 보다 작으면 반복을 멈추기로 한다.

```
for k in range(1000):
    Loss, Out = N.train()
    if Loss < 1e-7: break
```

위의 반복을 수행 후 얻은 결괏값을 화면에 출력하는 방법은 다양하게 있지만 여기에서 예시로 선택한 방법을 포함하여 전체 파이썬 코드를 작성하면 다음과 같다.

Source Code

perform.py

```
from mynet import *

node1 = 3
node2 = 5
node3 = 3
lr = 2.0

N = myNet(node1, node2, node3)

X1 = np.array([1.0, 1.0, 1.0])
t  = np.array([0.4, 0.7, 0.4])

N.predict(X1, t, lr)

for k in range(1000):
    Loss, Out = N.train()
    if Loss < 1e-7: break

Loss, Out = N.predict(X1, t, lr)

print(60*'-')
print('Example ] 참값을 찾기 위한 인공신경망')
print(60*'-')

print('  학습률   = ', lr, '    은닉 노드수  = ', node2)
print('  반복수   = ', k)
print('  제곱오차 = ', Loss[0])
print('  입력값   = ', X1)
print('  참값     = ', t)
print('  결괏값   = ', Out[0])
print(60*'-')
```

Result

```
Python 3.6.4 Shell
File Edit Shell Debug Options Window Help
Python 3.6.4 |Anaconda, Inc.| (default, Jan 16 2018, 10:22:32) [MSC v.1900
64 bit (AMD64)] on win32
Type "copyright", "credits" or "license()" for more information.
>>>
============ RESTART: B:₩Apython₩MyExample₩mxnet_book₩perform.py ==========
==
-----------------------------------------------------------
Example ] 참값을 찾기 위한 인공신경망
-----------------------------------------------------------
  학습률   = 2.0    은닉 노드수  = 5
  반복수   = 45
  제곱오차 = [8.77134406e-08]
  입력값   = [1. 1. 1.]
  참값     = [0.4 0.7 0.4]
  결과값   = [0.39978225 0.6997161  0.39978225]
-----------------------------------------------------------
>>> |
Ln: 15 Col: 4
```

학습률이 1.0인 경우

```
학습률   =  1.0    은닉 노드수  =  5
반복수   =  91
제곱오차 =  [9.28711948e-08]
입력값   =  [1. 1. 1.]
참값     =  [0.4 0.7 0.4]
결괏값   =  [0.39977922 0.69970293 0.39977922]
```

학습률이 5.0 인 경우

```
학습률   =  5.0    은닉 노드수  =  5
반복수   =  17
제곱오차 =  [8.97978815e-08]
입력값   =  [1. 1. 1.]
참값     =  [0.4 0.7 0.4]
결괏값   =  [0.39977532 0.69971958 0.39977532]
```

앞의 경우에서 볼 때, 학습률을 크게 잡을 때 반복수가 더 많이 줄어드는 현상을 볼 수 있는 것처럼 학습률은 수렴에 매우 중요한 역할을 한다는 것을 알 수 있다. 마찬가지로 은닉 노드수를 줄이거나 늘이는 것도 반복수에 큰 영향을 미칠 것이다. 이는 실행의 옵션을 변화시키면서 수행해 보면 확인 할 수 있다.

이제 학습 데이터인 X1을 바꾸어 가면서 학습을 시켜 어떤 입력 값에 대해서도 목푯값에 근접하게 하는 가중치 행렬을 찾아보기로 하자. 0과 1 사이의 임의의 세 수를 가지고 목푯값에 근접하게 하는 가중치 행렬을 찾는 것은 사실상 매우 어려운 일이다. 이는 3차원 큐브(한 변이 1인 정육면체) 안의 한 점에서 목푯값으로 정해진 한 점을 찾는 것이므로 난해한 문제일 수밖에 없다. 우리는 이러한 어려운 문제를 인공 신경망이라는 단순 반복법을 통하여 찾아가게 하는 시도를 해 보고자 한다. 임의의 수인 난수를 큐브 안에서 10,000개를 선택하여 학습을 시킨 후, 또 다른 난수의 결괏값을 찾아보았다. 이러한 실행을 위한 코드는 아래와 같이 조금만 수정하면 가능하다.

```
# 앞과 동일한 코드
lr = 0.2                          # 작은 학습률 선택
t  = np.array([0.4, 0.7, 0.4])    # 같은 목푯값 설정

for k in range(10000):            # 10,000 번의 학습
    X1 = np.random.rand(3)        # 매 학습시 입력 데이터를 난수로 선택
    N.predict(X1, t, lr)          # 학습 데이터 입력
    N.train()                     # 1회 학습
    # N.train()                   # 2회 또는 여러회수 학습시 추가 가능

X1 = np.random.rand(3)            # 새로운 난수 생성
Loss, Out = N.predict(X1, t, lr)  # 새로운 난수에 대한 예측값 및 오차 계산
# 뒷 부분과 동일한 코드
```

이 실행은 수행할 때마다 결과가 다르게 나올 것이다. 학습률과 은닉 노드수를 변화시키면 매번 다른 결과를 얻게 될 것이다. 우리는 이러한 신경망 학습을 연습하는 과정에 있으므로 두 번의 서로 다른 수행 결과를 보이고 끝내기로 한다.

[수행 1]

```
학습률   =  0.2     은닉 노드수  =  5
반복수   =  10000
제곱오차 =  [0.00168712]
입력값   =  [0.91692919 0.53051178 0.68264418]
참값     =  [0.4 0.7 0.4]
결괏값   =  [0.3754158  0.74653466 0.3754158 ]
```

[수행 2]

```
학습률   =  0.2     은닉 노드수  =  5
반복수   =  10000
제곱오차 =  [0.00039734]
입력값   =  [0.98527068 0.65456195 0.47608388]
참값     =  [0.4 0.7 0.4]
결괏값   =  [0.38874563 0.72326709 0.38874563]
```

Chapter 5

MXNet 소개 및 설치하기

5.1 MXNet 소개

5.1.1 MXNet System Architecture

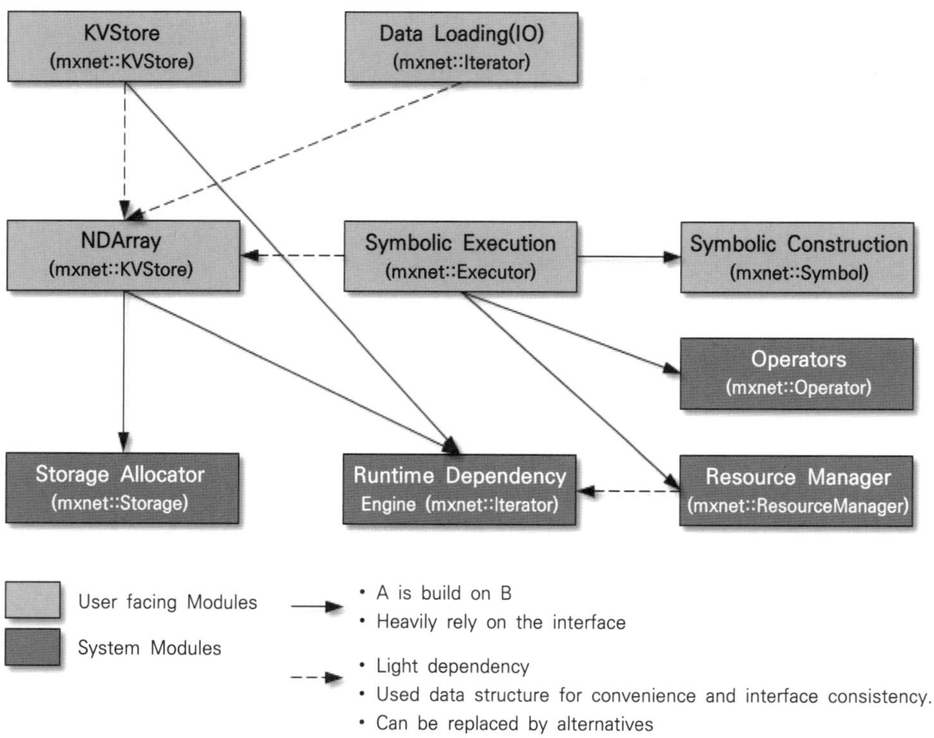

MXNet 시스템 아키텍처

위의 그림은 MXNet 시스템의 주요 모듈들과 구성 요소들 간의 상호 작용을 나타내며, MXNet을 구성하는 모듈은 다음과 같다:

- Runtime Dependency Engine: 읽기/쓰기 종속성에 따라 작업을 예약하고 실행함.
- Storage Allocator: 호스트 CPU 및 GPU 장치에서 메모리 블록을 효율적으로 할당하고 재활용함.
- Resource Manager: 난수 생성기 및 임시적 공간과 같은 전역 자원을 관리함.
- NDArray: MXNet를 위하여 동적이며 비동기 n 차원 배열로 유연한 명령형 프로그램을 제공함.
- Symbolic Execution: 정적 기호 그래프 실행 프로그램은 효율적인 기호 그래프 실행 및 최적화를 제공함.
- Operator: 정적 순방향 및 그래디언트 계산을 정의하는 연산자.
- SimpleOp: NDArray 연산자와 기호 연산자를 통일 된 방식으로 확장하는 연산자.
- Symbol Construction: 계산 그래프 (net 구성)를 구성하는 방법을 제공하는 기호 구조
- KVStore: 효율적인 매개 변수 동기화를위한 키 - 값 저장소 인터페이스.
- Data Loading(IO): 효율적인 분산 데이터 로딩 및 보강.

5.1.2 MXNet를 사용한 딥러닝의 장점

MXNet을 사용한 딥러닝의 장점은 다음과 같이 4가지 항목으로 나열할 수 있다.

Gluon의 사용 편의성

- MXNet의 Gluon 라이브러리는 교육 속도를 그대로 유지하면서 손쉽게 딥 러닝 모델의 프로토타입을 구축, 교육 및 배포할 수 있는 상위 수준의 인터페이스를 제공함.
- Gluon은 사전에 정의된 계층, 손실 함수, 최적화 프로그램을 위한 상위 수준의 추상화를 제공함.
- 또한, 직관적으로 작업하고 쉽게 디버깅할 수 있는 유연한 구조를 제공함.

뛰어난 성능

- 딥 러닝 워크로드는 선형에 가까운 확장성으로 여러 GPU로 분산될 수 있음. 즉, 매우 규모가 큰 프로젝트도 상대적으로 짧은 시간 내에 처리할 수 있음.
- 또한, 클러스터 내 GPU 수에 따라 규모 조정도 자동으로 수행되며, 개발자는 서버리스 및 배치 기반 추론을 실행하여 시간을 절약하고 생산성을 높일 수 있음.

IoT 및 엣지용

- 클라우드에서 여러 GPU 교육 및 복잡한 모델 배포를 처리하는 것 외에도 MXNet은

Raspberry Pi, 스마트폰 또는 노트북과 같은 저출력 엣지 디바이스에서 실행되어 데이터를 원격으로 처리할 수 있는 간단한 신경망 모델 표현을 생성함.

유연성 및 선택권

- MXNet은 C++, JavaScript, Python, R, Matlab, Julia, Scala 및 Go를 비롯한 다양한 프로그래밍 언어를 지원하므로 이미 익숙한 언어로 시작할 수 있음.
- 하지만 모델을 구축할 때 사용된 언어의 종류와 관계없이 최대 성능을 내기 위해 백엔드에서는 모든 코드가 C++로 컴파일됨.

5.2 MXNet 설치하기

Python 프로그래밍 패키지 32bit를 다운로드 및 설치 한 후에 MXNet 패키지를 다음의 명령어로 설치를 수행하면 다음의 그림과 같은 설치 절차가 진행된다.

```
> Python -m pip install mxnet
```

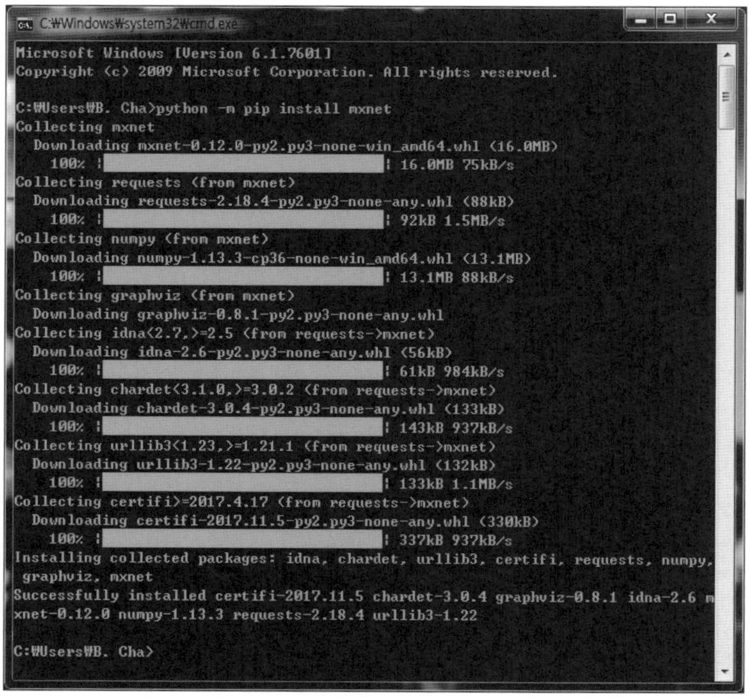

MXNet 패키지 설치

MXNet 패키지를 설치한 후에 간단하게 테스트를 수행하기 위하여 Python Shell을 수행한다. Python Shell에서 다음의 명령어들을 입력하게 되면 아래의 그림과 같은 결과를 출력하게 된다.

Source Code

```
import mxnet as mx
from mxnet import nd
mx.random.seed(1)
x = nd.empty((3,4))
print(x)
```

Result

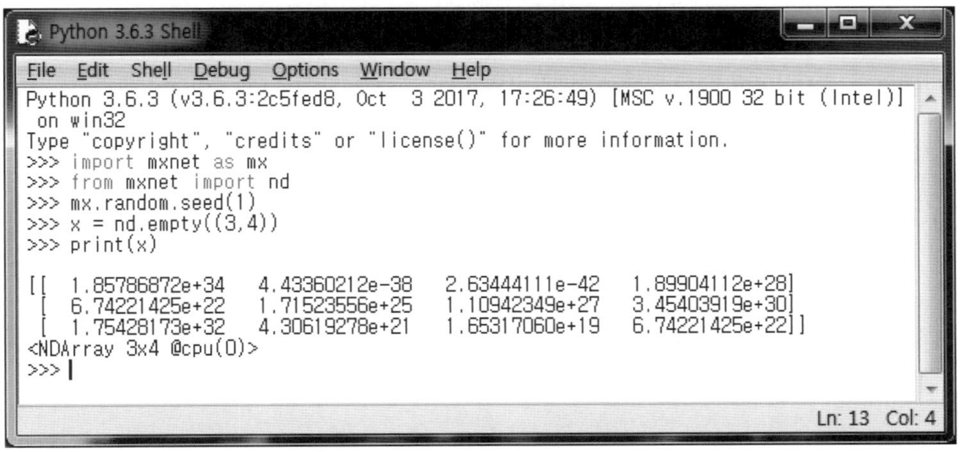

Python Shell을 이용한 MXNet 패키지 테스트

데이터 저장 및 변환을 위한 MXNet의 중요한 도구로 NDArray가 있으며, NDArray가 NumPy의 다차원 배열과 비슷하게 설계되었음. NDArrays는 다음의 몇 가지 중요한 장점을 제공한다.

첫째, CPU, GPU 및 분산 클라우드 아키텍처에서의 비동기 계산을 지원함.

둘째, 자동 미분(automatic differentiation)을 지원함.

이러한 특성 때문에 NDArray는 기계 학습을 위한 이상적인 라이브러리이라고 할 수 있다.

5.3 MXNet의 Naive Bayes Classification

조건 독립성은 많은 방정식을 단순화하므로 데이터를 다룰 때 매우 유용하며, 널리 사용되는 알고리즘은 Naive Bayes Classifier이다. MXNet을 이용한 Naive Bayes Classification의 파이썬 코드는 다음과 같다.

Source Code

```
import mxnet as mx
from mxnet import nd
import numpy as np

def transform(data, label):
    return (nd.floor(data/128)).astype(np.float32), label.astype(np.float32)

mnist_train = mx.gluon.data.vision.MNIST(train=True, transform=transform)

mnist_test = mx.gluon.data.vision.MNIST(train=False, transform=transform)

ycount = nd.ones(shape=(10))
xcount = nd.ones(shape=(784, 10))

for data, label in mnist_train:
    x = data.reshape((784,))
    y = int(label)
    ycount[y] += 1
    xcount[:, y] += x

for i in range(10):
    xcount[:, i] = xcount[:, i]/ycount[i]

py = ycount / nd.sum(ycount)

import matplotlib.pyplot as plt

fig, figarr = plt.subplots(1, 10, figsize=(15, 15))

for i in range(10):
    figarr[i].imshow(xcount[:, i].reshape((28, 28)).asnumpy(), cmap='hot')
    figarr[i].axes.get_xaxis().set_visible(False)
```

```
        figarr[i].axes.get_yaxis().set_visible(False)

plt.show()
print(py)

logxcount = nd.log(xcount)
logxcountneg = nd.log(1-xcount)
logpy = nd.log(py)

fig, figarr = plt.subplots(2, 10, figsize=(15, 3))

# show 10 images
ctr = 0
for data, label in mnist_test:
    x = data.reshape((784,))
    y = int(label)

    # we need to incorporate the prior probability p(y) since p(y|x) is
    # proportional to p(x|y) p(y)
    logpx = logpy.copy()
    for i in range(10):
        # compute the log probability for a digit
        logpx[i] += nd.dot(logxcount[:, i], x) + nd.dot(logxcountneg[:, i], 1-x)
    # normalize to prevent overflow or underflow by subtracting the largest
    # value
    logpx -= nd.max(logpx)
    # and compute the softmax using logpx
    px = nd.exp(logpx).asnumpy()
    px /= np.sum(px)

    # bar chart and image of digit
    figarr[1, ctr].bar(range(10), px)
    figarr[1, ctr].axes.get_yaxis().set_visible(False)
    figarr[0, ctr].imshow(x.reshape((28, 28)).asnumpy(), cmap='hot')
    figarr[0, ctr].axes.get_xaxis().set_visible(False)
    figarr[0, ctr].axes.get_yaxis().set_visible(False)
    ctr += 1
    if ctr == 10:
        break

plt.show()
```

Result

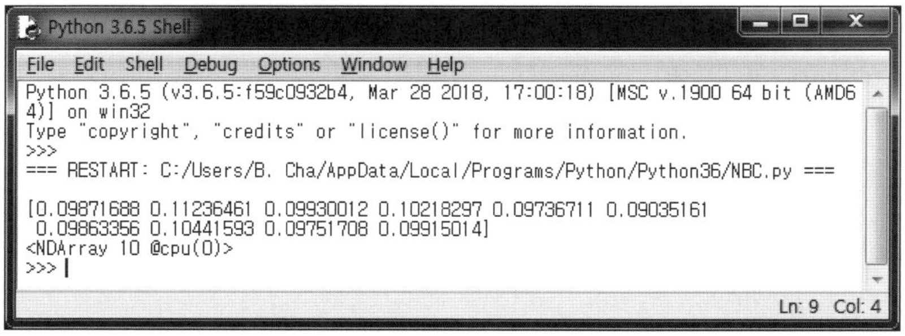

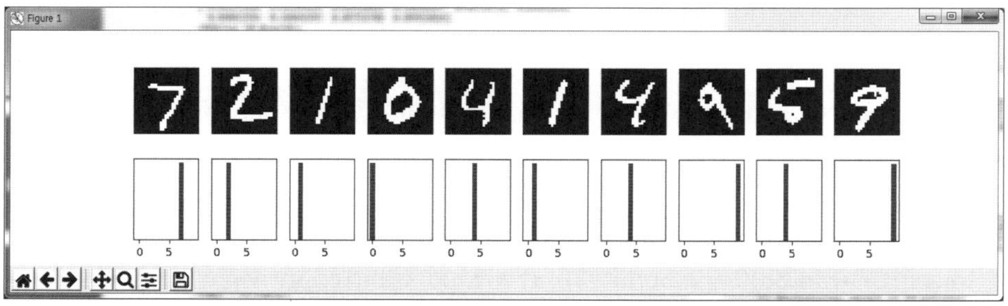

5.4 샘플링과 분포

파이썬 코드를 이용하여 샘플링과 Uniform, Normal 등의 분포와 CLT(central limit theorem)를 구현하여 본다.

5.4.1 샘플링

Source Code

```
import random
for i in range(10):
    print(random.random())
```

Result

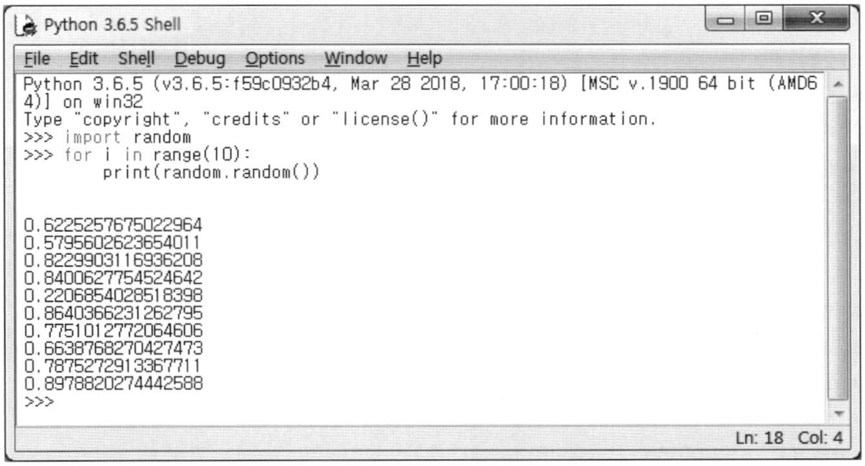

5.4.2 Uniform Distribution

Source Code

```
import random
for i in range(10):
    print(random.randint(1, 100))
```

Result

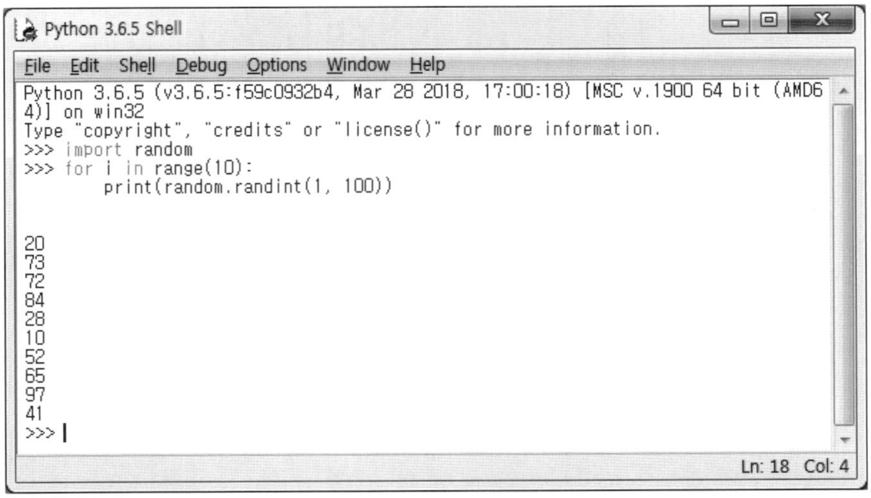

Source Code

```
import mxnet as mx
import numpy as np
import matplotlib.pyplot as plt
import math
import random

counts = np.zeros(100)
fig, axes = plt.subplots(2, 3, figsize=(15, 8), sharex=True)
axes = axes.reshape(6)
# mangle subplots such that we can index them in a linear fashion rather than
# a 2d grid

for i in range(1, 1000001):
    counts[random.randint(0, 99)] += 1
    if i in [10, 100, 1000, 10000, 100000, 1000000]:
        axes[int(math.log10(i))-1].bar(np.arange(1, 101), counts)

plt.show()
```

Result

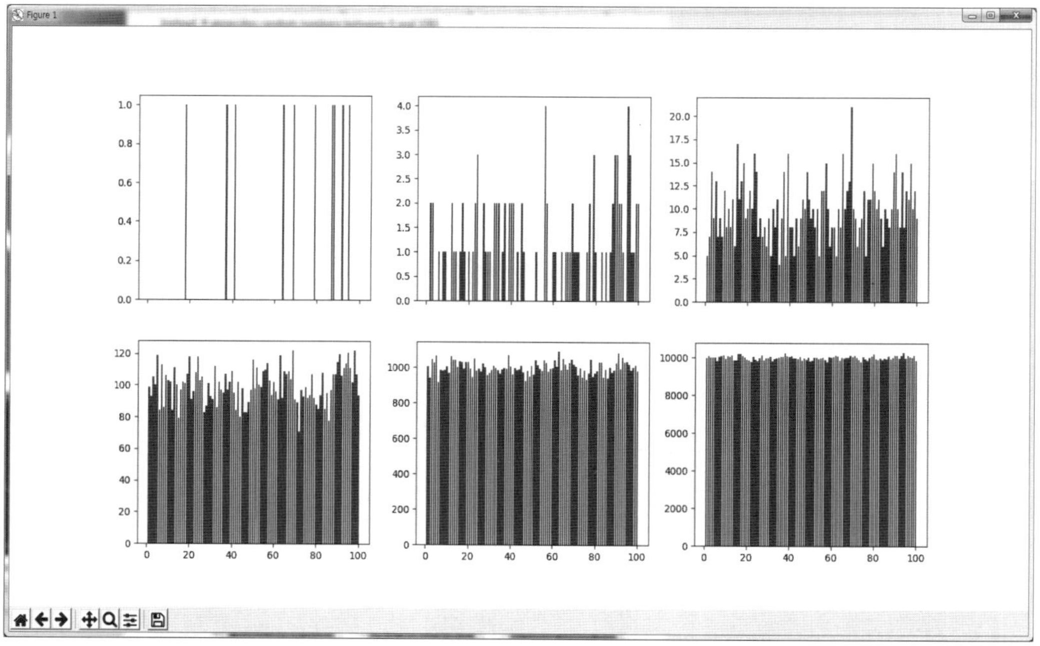

5.4.3 The Categorical distribution

Source Code

```
import numpy as np
import matplotlib.pyplot as plt
import math
import random

n = 1000000
y = np.random.uniform(0, 1, n)
x = np.arange(1, n+1)
p0 = np.cumsum(y < 0.35) / x
p1 = np.cumsum(y >= 0.35) / x

plt.figure(figsize=(15, 8))
plt.semilogx(x, p0)
plt.semilogx(x, p1)
plt.show()
```

Result

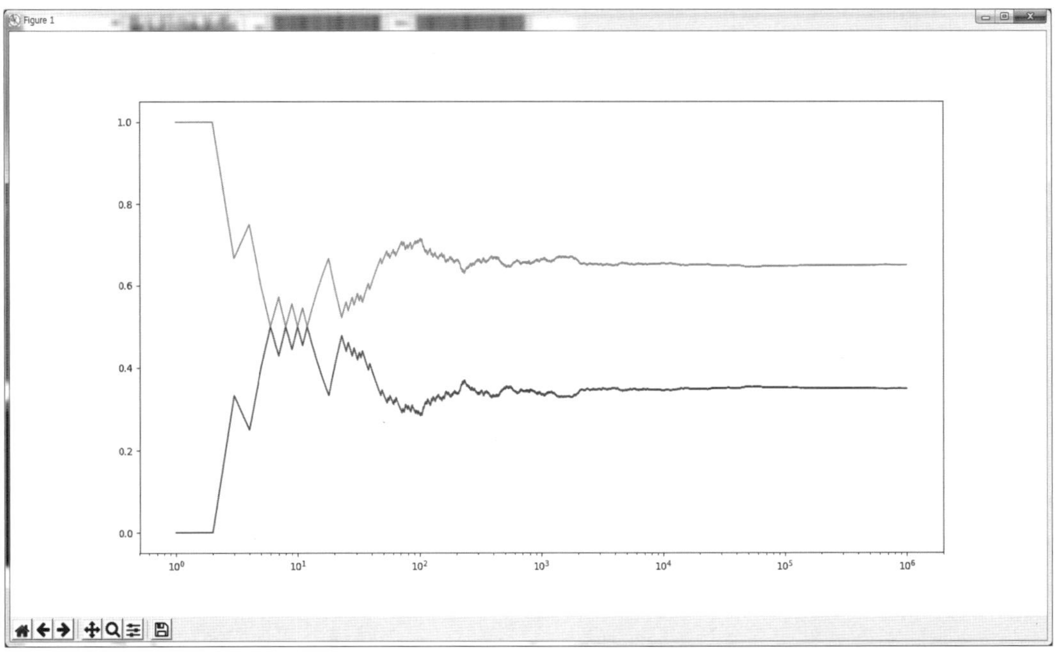

5.4.4 The Normal distribution

Source Code

```
import numpy as np
import matplotlib.pyplot as plt
import math
import random

x = np.arange(-10, 10, 0.01)
p = (1/math.sqrt(2 * math.pi)) * np.exp(-0.5 * x**2)
plt.figure(figsize=(10, 5))
plt.plot(x, p)
plt.show()
```

Result

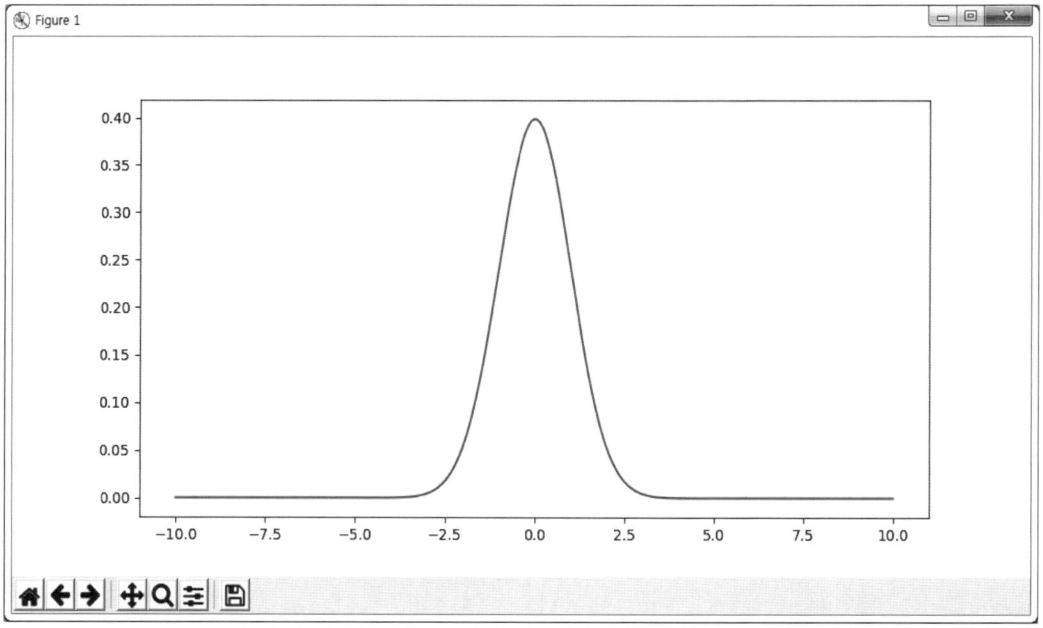

5.4.5 Central Limit Theorem

Source Code

```
import numpy as np
import matplotlib.pyplot as plt
import math
import random
tmp = np.random.uniform(size=(10000,10))
x = 1.0 * (tmp > 0.3) + 1.0 * (tmp > 0.8)
mean = 1 * 0.5 + 2 * 0.2
variance = 1 * 0.5 + 4 * 0.2 - mean**2
print('mean {}, variance {}'.format(mean, variance))
# cumulative sum and normalization
y = np.arange(1,10001).reshape(10000,1)
z = np.cumsum(x,axis=0) / y

plt.figure(figsize=(10,5))
for i in range(10):
    plt.semilogx(y,z[:,i])

plt.semilogx(y,(variance**0.5) * np.power(y,-0.5) + mean,'r')
plt.semilogx(y,-(variance**0.5) * np.power(y,-0.5) + mean,'r')
plt.show()
```

Result

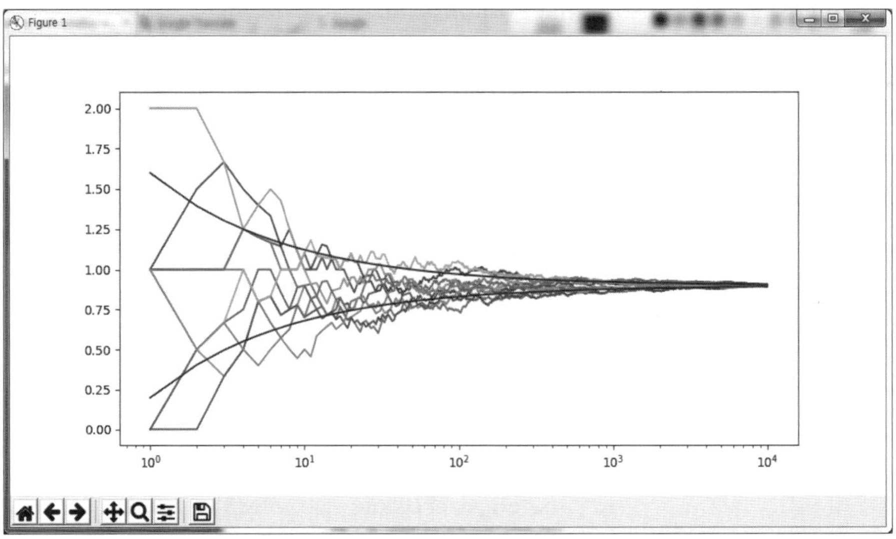

5.5 Linear regression

강력한 ML 라이브러리를 사용하면 반복적인 작업을 생략 할 수 있지만 추상화에 너무 많이 의존하면 신경망이 실제로 어떻게 작동 하는지를 결코 알지 못할 수도 있다. 그래서 파이썬 라이브러리 autograd와 NDArray에만 의존하여 처음부터 모든 것을 하나씩 파이썬 코드를 작성하여 만들어 본다.

Source Code

```
from __future__ import print_function
import mxnet as mx
from mxnet import nd, autograd, gluon
mx.random.seed(1)

data_ctx = mx.cpu()
model_ctx = mx.cpu()


num_inputs = 2
num_outputs = 1
num_examples = 10000

def real_fn(X):
    return 2 * X[:, 0] - 3.4 * X[:, 1] + 4.2

X = nd.random_normal(shape=(num_examples, num_inputs), ctx=data_ctx)
noise = .1 * nd.random_normal(shape=(num_examples,), ctx=data_ctx)
y = real_fn(X) + noise

print(X[0])
print(y[0])

print(2 * X[0, 0] - 3.4 * X[0, 1] + 4.2)

import matplotlib.pyplot as plt
plt.scatter(X[:, 1].asnumpy(),y.asnumpy())
plt.show()


batch_size = 4
train_data = gluon.data.DataLoader(gluon.data.ArrayDataset(X, y),
                                    batch_size=batch_size, shuffle=True)
```

```
for i, (data, label) in enumerate(train_data):
    print(data, label)
    break

for i, (data, label) in enumerate(train_data):
    print(data, label)
    break

for i, (data, label) in enumerate(train_data):
    pass

print(i+1)

w = nd.random_normal(shape=(num_inputs, num_outputs), ctx=model_ctx)
b = nd.random_normal(shape=num_outputs, ctx=model_ctx)
params = [w, b]

for param in params:
    param.attach_grad()

def net(X):
    return mx.nd.dot(X, w) + b

def square_loss(yhat, y):
    return nd.mean((yhat - y) ** 2)

def square_loss(yhat, y):
    return nd.mean((yhat - y) ** 2)

def SGD(params, lr):
    for param in params:
        param[:] = param - lr * param.grad

epochs = 10
learning_rate = .0001
num_batches = num_examples/batch_size

for e in range(epochs):
    cumulative_loss = 0
    # inner loop
    for i, (data, label) in enumerate(train_data):
        data = data.as_in_context(model_ctx)
        label = label.as_in_context(model_ctx).reshape((-1, 1))
        with autograd.record():
            output = net(data)
            loss = square_loss(output, label)
        loss.backward()
        SGD(params, learning_rate)
```

```
        cumulative_loss += loss.asscalar()
    print(cumulative_loss / num_batches)

###############################################
#    Re-initialize parameters because they
#    were already trained in the first loop
###############################################
w[:] = nd.random_normal(shape=(num_inputs, num_outputs), ctx=model_ctx)
b[:] = nd.random_normal(shape=num_outputs, ctx=model_ctx)

###############################################
#    Script to plot the losses over time
###############################################
def plot(losses, X, sample_size=100):
    xs = list(range(len(losses)))
    f, (fg1, fg2) = plt.subplots(1, 2)
    fg1.set_title('Loss during training')
    fg1.plot(xs, losses, '-r')
    fg2.set_title('Estimated vs real function')
    fg2.plot(X[:sample_size, 1].asnumpy(),
             net(X[:sample_size, :]).asnumpy(), 'or', label='Estimated')
    fg2.plot(X[:sample_size, 1].asnumpy(),
             real_fn(X[:sample_size, :]).asnumpy(), '*g', label='Real')
    fg2.legend()

    plt.show()

learning_rate = .0001
losses = []
plot(losses, X)

for e in range(epochs):
    cumulative_loss = 0
    for i, (data, label) in enumerate(train_data):
        data = data.as_in_context(model_ctx)
        label = label.as_in_context(model_ctx).reshape((-1, 1))
        with autograd.record():
            output = net(data)
            loss = square_loss(output, label)
        loss.backward()
        SGD(params, learning_rate)
        cumulative_loss += loss.asscalar()

    print("Epoch %s, batch %s. Mean loss: %s" % (e, i, cumulative_loss/num_batches))
    losses.append(cumulative_loss/num_batches)

plot(losses, X)
```

Result

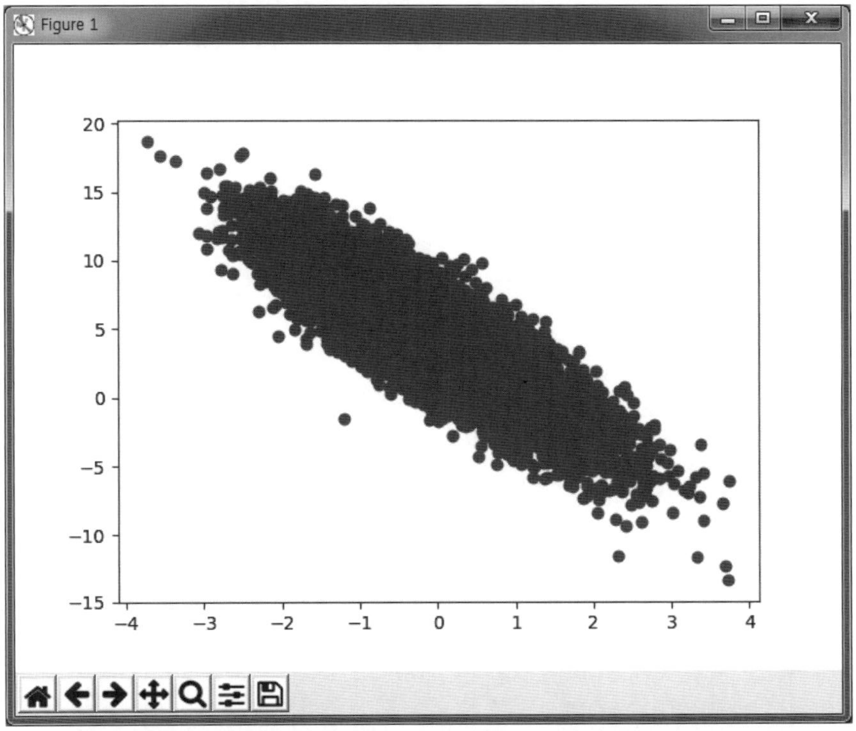

Figure 1

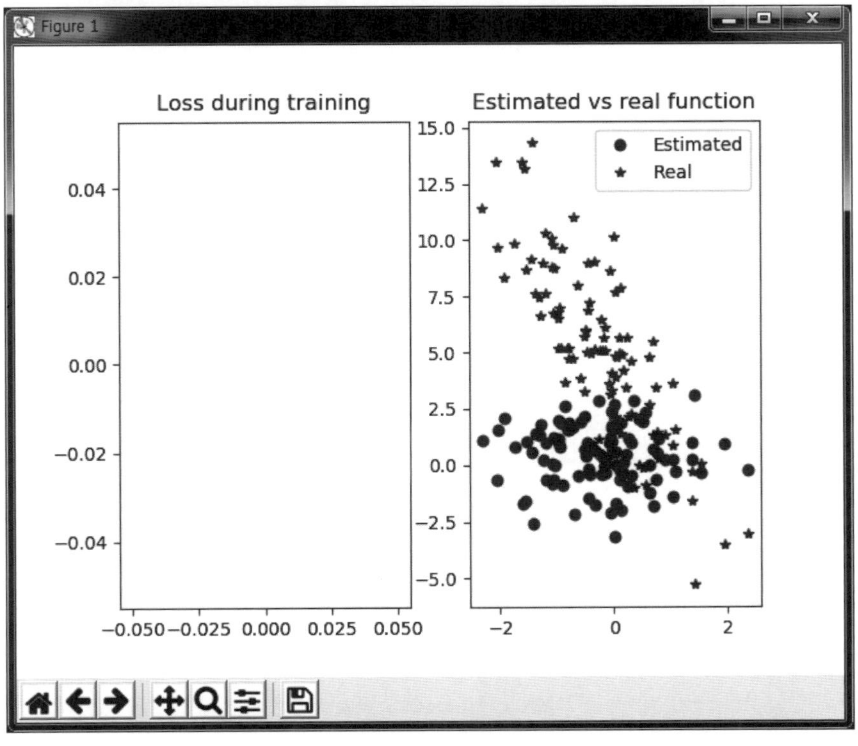

Figure 1
Loss during training
Estimated vs real function
Estimated
Real

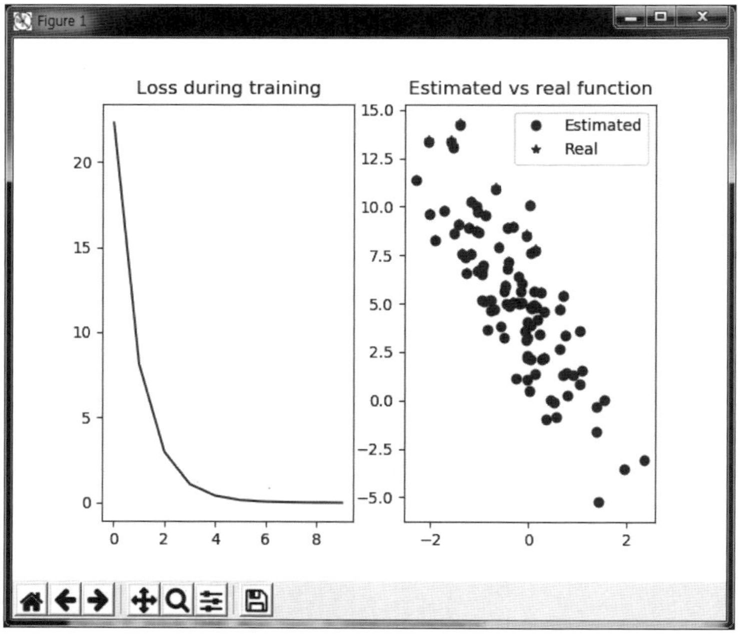


```
Python 3.6.5 Shell
File Edit Shell Debug Options Window Help
Python 3.6.5 (v3.6.5:f59c0932b4, Mar 28 2018, 17:00:18) [MSC v.1900 64 bit (AMD6
4)] on win32
Type "copyright", "credits" or "license()" for more information.
>>>
=== RESTART: C:/Users/B. Cha/AppData/Local/Programs/Python/Python36/LR.py ===

[ 0.03629482 -0.49024424]
<NDArray 2 @cpu(0)>

[6.0096445]
<NDArray 1 @cpu(0)>

[5.9394197]
<NDArray 1 @cpu(0)>

[[-1.303416   -0.3989964 ]
 [-1.1597918  -0.10756966]
 [-0.11337099  1.0720302 ]
 [ 0.52573603 -0.31030995]]
<NDArray 4x2 @cpu(0)>
[2.9795218  2.0759864  0.30139202 6.190019  ]
<NDArray 4 @cpu(0)>

[[ 0.7445208  -0.2434989 ]
 [-1.5331109   0.32272395]
 [ 1.1075654   0.16243088]
 [ 0.91626126  0.0204444 ]]
<NDArray 4x2 @cpu(0)>
[6.4962964  0.01200228 5.910094   6.046602  ]
<NDArray 4 @cpu(0)>
2500
29.295529734683036
10.715256630313396
3.9240197063945232
1.4413771668091417
0.533577595416084
0.20159856985229999
0.08022655764756491
0.035805716914380 9
0.019559264049923513
0.013612999001103
Epoch 0, batch 2499. Mean loss: 22.3185133282423
Epoch 1, batch 2499. Mean loss: 8.142600529009103
Epoch 2, batch 2499. Mean loss: 2.974900193706155
Epoch 3, batch 2499. Mean loss: 1.091085112715512 6
Epoch 4, batch 2499. Mean loss: 0.40433778374493123
Epoch 5, batch 2499. Mean loss: 0.15391257474385203
Epoch 6, batch 2499. Mean loss: 0.06259426339035853
Epoch 7, batch 2499. Mean loss: 0.02927893249107292
Epoch 8, batch 2499. Mean loss: 0.017127631353086325
Epoch 9, batch 2499. Mean loss: 0.01270840189317823 4
>>>
Ln: 51 Col: 4
```

5.6 Multiclass logistic regression

선형 회귀 모델링에서 데이터를 적재하고 조작하고, 즉시 계산 그래프를 작성, 미분 계수를 취하는 방법, 더불어 손실 함수를 정의하고, 모델을 구성하고, 그리고 최적화 알고리즘을 작성하는 것이 가장 어려운 부분일 것이다. 실제 세계에서 구축되는 대부분의 모든 신경망은 거의 같은 기본 부분으로 구성되며, 주요 차이점은 데이터의 유형과 규모 및 모델의 복잡성에 있다.

Source Code

```
from __future__ import print_function
import numpy as np
import mxnet as mx
from mxnet import nd, autograd, gluon
mx.random.seed(1)

data_ctx = mx.cpu()
model_ctx = mx.cpu()
# model_ctx = mx.gpu()

def transform(data, label):
    return data.astype(np.float32)/255, label.astype(np.float32)

mnist_train = gluon.data.vision.MNIST(train=True, transform=transform)
mnist_test = gluon.data.vision.MNIST(train=False, transform=transform)

image, label = mnist_train[0]
print(image.shape, label)

num_inputs = 784
num_outputs = 10
num_examples = 60000

im = mx.nd.tile(image, (1,1,3))
print(im.shape)

import matplotlib.pyplot as plt
plt.imshow(im.asnumpy())
plt.show()

batch_size = 64
train_data = mx.gluon.data.DataLoader(mnist_train, batch_size, shuffle=True)
```

```
test_data = mx.gluon.data.DataLoader(mnist_test, batch_size, shuffle=False)

W = nd.random_normal(shape=(num_inputs, num_outputs),ctx=model_ctx)
b = nd.random_normal(shape=num_outputs,ctx=model_ctx)


params = [W, b]


for param in params:
    param.attach_grad()

def softmax(y_linear):
    exp = nd.exp(y_linear-nd.max(y_linear, axis=1).reshape((-1,1)))
    norms = nd.sum(exp, axis=1).reshape((-1,1))
    return exp / norms

sample_y_linear = nd.random_normal(shape=(2,10))
sample_yhat = softmax(sample_y_linear)
print(sample_yhat)

print(nd.sum(sample_yhat, axis=1))

def net(X):
    y_linear = nd.dot(X, W) + b
    yhat = softmax(y_linear)
    return yhat

def cross_entropy(yhat, y):
    return - nd.sum(y * nd.log(yhat+1e-6))

def SGD(params, lr):
    for param in params:
        param[:] = param - lr * param.grad

def evaluate_accuracy(data_iterator, net):
    numerator = 0.
    denominator = 0.
    for i, (data, label) in enumerate(data_iterator):
        data = data.as_in_context(model_ctx).reshape((-1,784))
        label = label.as_in_context(model_ctx)
        label_one_hot = nd.one_hot(label, 10)
        output = net(data)
        predictions = nd.argmax(output, axis=1)
        numerator += nd.sum(predictions == label)
        denominator += data.shape[0]
```

```
    return (numerator / denominator).asscalar()

evaluate_accuracy(test_data, net)

epochs = 5
learning_rate = .005

for e in range(epochs):
    cumulative_loss = 0
    for i, (data, label) in enumerate(train_data):
        data = data.as_in_context(model_ctx).reshape((-1,784))
        label = label.as_in_context(model_ctx)
        label_one_hot = nd.one_hot(label, 10)
        with autograd.record():
            output = net(data)
            loss = cross_entropy(output, label_one_hot)
        loss.backward()
        SGD(params, learning_rate)
        cumulative_loss += nd.sum(loss).asscalar()


    test_accuracy = evaluate_accuracy(test_data, net)
    train_accuracy = evaluate_accuracy(train_data, net)
    print("Epoch %s. Loss: %s, Train_acc %s, Test_acc %s" % (e, cumulative_loss/
num_examples, train_accuracy, test_accuracy))

 # Define the function to do prediction
def model_predict(net,data):
    output = net(data)
    return nd.argmax(output, axis=1)

# let's sample 10 random data points from the test set
sample_data = mx.gluon.data.DataLoader(mnist_test, 10, shuffle=True)
for i, (data, label) in enumerate(sample_data):
    data = data.as_in_context(model_ctx)
    print(data.shape)
    im = nd.transpose(data,(1,0,2,3))
    im = nd.reshape(im,(28,10*28,1))
    imtiles = nd.tile(im, (1,1,3))

    plt.imshow(imtiles.asnumpy())
    plt.show()
    pred=model_predict(net,data.reshape((-1,784)))
    print('model predictions are:', pred)
    break
```

Result

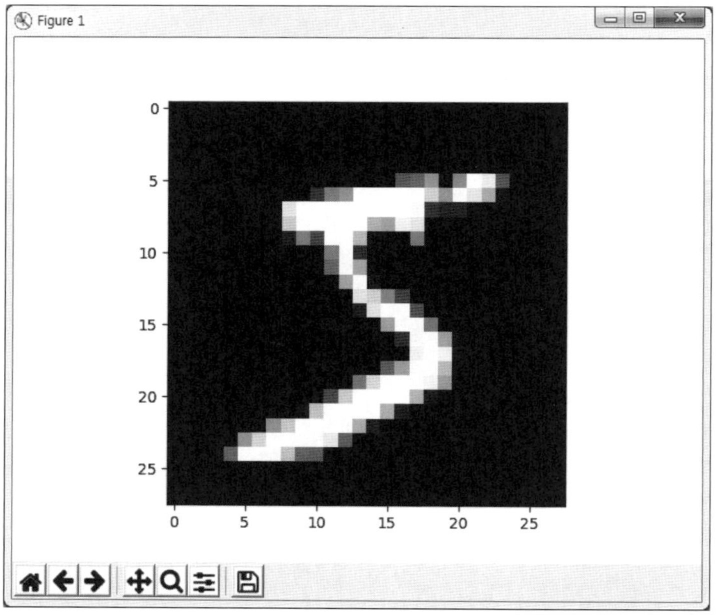

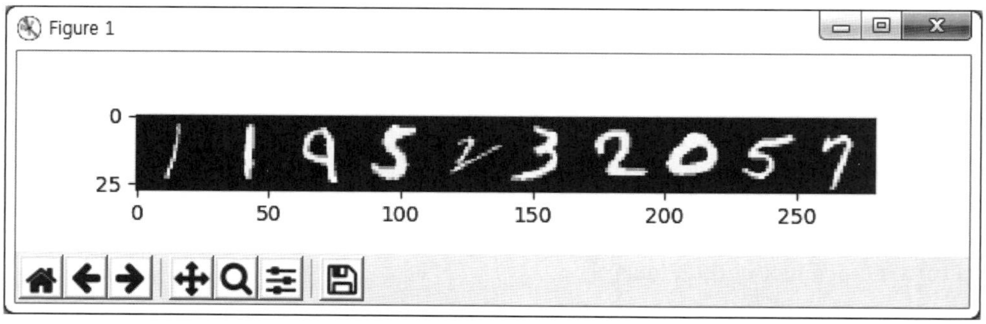

```
=== RESTART: C:/Users/B. Cha/AppData/Local/Programs/Python/Python36/MLR.py ===
(28, 28, 1) 5.0
(28, 28, 3)

[[0.38854712 0.15868285 0.09794893 0.01202093 0.01595045 0.04553349
  0.14224595 0.03143111 0.04231628 0.06532289]
 [0.08514825 0.43826103 0.02771222 0.08836042 0.17408127 0.05132056
  0.02093019 0.06935012 0.03025254 0.01458343]]
<NDArray 2x10 @cpu(0)>

[1. 1.]
<NDArray 2 @cpu(0)>
Epoch 0. Loss: 1.4068216897726058, Train_acc 0.85436666, Test_acc 0.8609
Epoch 1. Loss: 0.6158208606481552, Train_acc 0.88091666, Test_acc 0.8865
Epoch 2. Loss: 0.5204122543136279, Train_acc 0.8918167, Test_acc 0.8864
Epoch 3. Loss: 0.4678362978537877, Train_acc 0.89945, Test_acc 0.896
Epoch 4. Loss: 0.4349582685907682, Train_acc 0.90243334, Test_acc 0.901
(10, 28, 28, 1)
model predictions are:
[1. 1. 9. 5. 1. 3. 2. 0. 5. 7.]
<NDArray 10 @cpu(0)>
>>>
```

5.7 Multilayer Perceptrons

앞 절에서는 손 글씨 이미지를 10 개의 가능한 범주로 분류하는 다중 회귀의 구현하는 방법을 보여 주었으며, 데이터를 다루고, 출력값을 유효한 확률 분포로 강요하고, 적절한 손실 함수를 적용하는 방법과, 매개 변수를 최적화하는 방법의 이해가 필요하다. 이제 이러한 예비 사항을 갖추었다면 심도 있는 신경 네트워크로 확장 할 수 있다.

Source Code

```
from __future__ import print_function
import mxnet as mx
import numpy as np
from mxnet import nd, autograd, gluon

ctx = mx.gpu() if mx.test_utils.list_gpus() else mx.cpu()
data_ctx = ctx
model_ctx = ctx

num_inputs = 784
num_outputs = 10
batch_size = 64
num_examples = 60000
def transform(data, label):
    return data.astype(np.float32)/255, label.astype(np.float32)

train_data = gluon.data.DataLoader(mx.gluon.data.vision.MNIST(train=True, transform=
             transform), batch_size, shuffle=True)
test_data = gluon.data.DataLoader(mx.gluon.data.vision.MNIST(train=False, transform=
            transform), batch_size, shuffle=False)

#######################
# Set some constants so it's easy to modify the network later
#######################
num_hidden = 256
weight_scale = .01

#######################
# Allocate parameters for the first hidden layer
#######################
W1 = nd.random_normal(shape=(num_inputs, num_hidden), scale=weight_scale, ctx=model_ctx)
b1 = nd.random_normal(shape=num_hidden, scale=weight_scale, ctx=model_ctx)
```

```
########################
#  Allocate parameters for the second hidden layer
########################
W2 = nd.random_normal(shape=(num_hidden, num_hidden), scale=weight_scale, ctx=model_ctx)
b2 = nd.random_normal(shape=num_hidden, scale=weight_scale, ctx=model_ctx)

########################
#  Allocate parameters for the output layer
########################
W3 = nd.random_normal(shape=(num_hidden, num_outputs), scale=weight_scale, ctx=model_ctx)
b3 = nd.random_normal(shape=num_outputs, scale=weight_scale, ctx=model_ctx)

params = [W1, b1, W2, b2, W3, b3]

for param in params:
    param.attach_grad()

def relu(X):
    return nd.maximum(X, nd.zeros_like(X))

def softmax(y_linear):
    exp = nd.exp(y_linear-nd.max(y_linear))
    partition = nd.nansum(exp, axis=0, exclude=True).reshape((-1, 1))
    return exp / partition

def cross_entropy(yhat, y):
    return - nd.nansum(y * nd.log(yhat), axis=0, exclude=True)

def softmax_cross_entropy(yhat_linear, y):
    return - nd.nansum(y * nd.log_softmax(yhat_linear), axis=0, exclude=True)

def net(X):
    ########################
    #  Compute the first hidden layer
    ########################
    h1_linear = nd.dot(X, W1) + b1
    h1 = relu(h1_linear)

    ########################
    #  Compute the second hidden layer
    ########################
    h2_linear = nd.dot(h1, W2) + b2
    h2 = relu(h2_linear)

    ########################
    #  Compute the output layer.
```

```
    # We will omit the softmax function here
    # because it will be applied
    # in the softmax_cross_entropy loss
    #######################
    yhat_linear = nd.dot(h2, W3) + b3
    return yhat_linear

def SGD(params, lr):
    for param in params:
        param[:] = param - lr * param.grad

def evaluate_accuracy(data_iterator, net):
    numerator = 0.
    denominator = 0.
    for i, (data, label) in enumerate(data_iterator):
        data = data.as_in_context(model_ctx).reshape((-1, 784))
        label = label.as_in_context(model_ctx)
        output = net(data)
        predictions = nd.argmax(output, axis=1)
        numerator += nd.sum(predictions == label)
        denominator += data.shape[0]
    return (numerator / denominator).asscalar()

epochs = 10
learning_rate = .001
smoothing_constant = .01

for e in range(epochs):
    cumulative_loss = 0
    for i, (data, label) in enumerate(train_data):
        data = data.as_in_context(model_ctx).reshape((-1, 784))
        label = label.as_in_context(model_ctx)
        label_one_hot = nd.one_hot(label, 10)
        with autograd.record():
            output = net(data)
            loss = softmax_cross_entropy(output, label_one_hot)
        loss.backward()
        SGD(params, learning_rate)
        cumulative_loss += nd.sum(loss).asscalar()

    test_accuracy = evaluate_accuracy(test_data, net)
    train_accuracy = evaluate_accuracy(train_data, net)
    print("Epoch %s. Loss: %s, Train_acc %s, Test_acc %s" %
          (e, cumulative_loss/num_examples, train_accuracy, test_accuracy))

import matplotlib.pyplot as plt
```

```
# Define the function to do prediction
def model_predict(net,data):
    output = net(data)
    return nd.argmax(output, axis=1)

samples = 10

mnist_test = mx.gluon.data.vision.MNIST(train=False, transform=transform)

# let's sample 10 random data points from the test set
sample_data = mx.gluon.data.DataLoader(mnist_test, samples, shuffle=True)
for i, (data, label) in enumerate(sample_data):
    data = data.as_in_context(model_ctx)
    im = nd.transpose(data,(1,0,2,3))
    im = nd.reshape(im,(28,10*28,1))
    imtiles = nd.tile(im, (1,1,3))

    plt.imshow(imtiles.asnumpy())
    plt.show()
    pred=model_predict(net,data.reshape((-1,784)))
    print('model predictions are:', pred)
    print('true labels :', label)
    break
```

Result

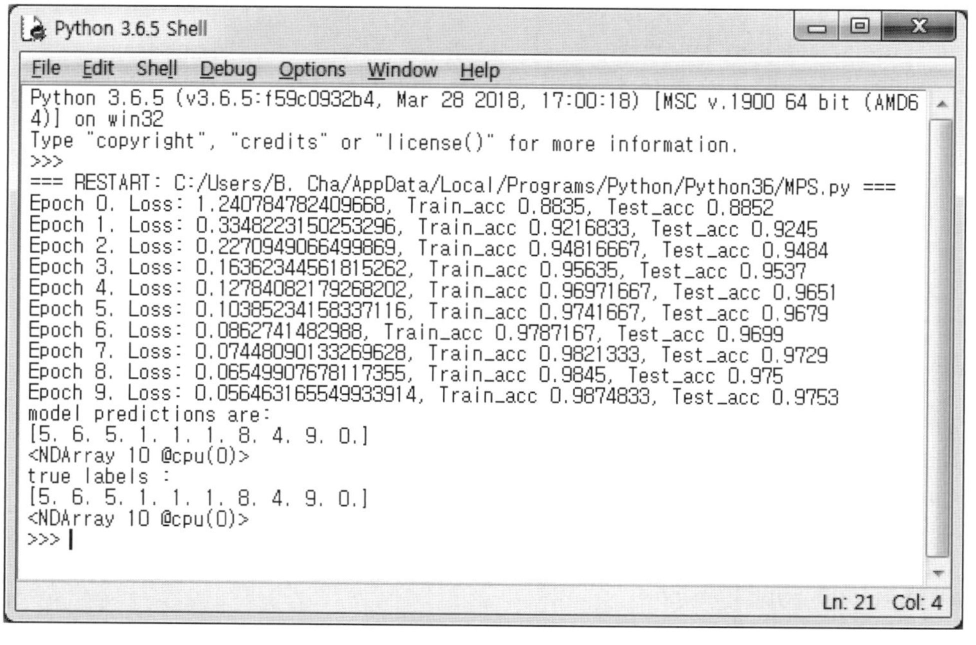

```
Python 3.6.5 Shell
File Edit Shell Debug Options Window Help
Python 3.6.5 (v3.6.5:f59c0932b4, Mar 28 2018, 17:00:18) [MSC v.1900 64 bit (AMD6
4)] on win32
Type "copyright", "credits" or "license()" for more information.
>>>
=== RESTART: C:/Users/B. Cha/AppData/Local/Programs/Python/Python36/MPS.py ===
Epoch 0. Loss: 1.240784782409668, Train_acc 0.8835, Test_acc 0.8852
Epoch 1. Loss: 0.3348223150253296, Train_acc 0.9216833, Test_acc 0.9245
Epoch 2. Loss: 0.2270949066499869, Train_acc 0.94816667, Test_acc 0.9484
Epoch 3. Loss: 0.16362344561815262, Train_acc 0.95635, Test_acc 0.9537
Epoch 4. Loss: 0.12784082179268202, Train_acc 0.96971667, Test_acc 0.9651
Epoch 5. Loss: 0.10385234158337116, Train_acc 0.9741667, Test_acc 0.9679
Epoch 6. Loss: 0.0862741482988, Train_acc 0.9787167, Test_acc 0.9699
Epoch 7. Loss: 0.07448090133269628, Train_acc 0.9821333, Test_acc 0.9729
Epoch 8. Loss: 0.06549907678117355, Train_acc 0.9845, Test_acc 0.975
Epoch 9. Loss: 0.056463165549933914, Train_acc 0.9874833, Test_acc 0.9753
model predictions are:
[5. 6. 5. 1. 1. 1. 8. 4. 9. 0.]
<NDArray 10 @cpu(0)>
true labels :
[5. 6. 5. 1. 1. 1. 8. 4. 9. 0.]
<NDArray 10 @cpu(0)>
>>>
Ln: 21 Col: 4
```

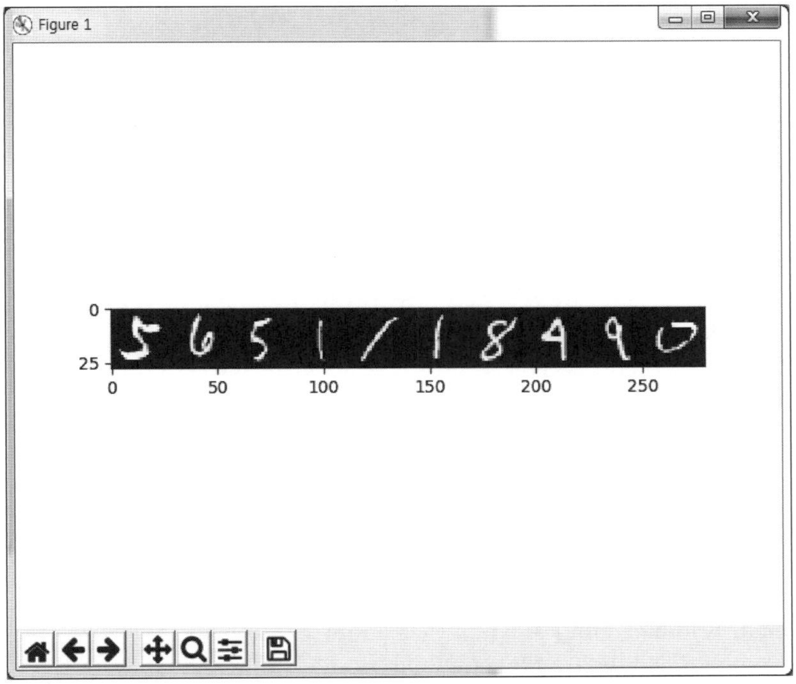

5.8 Gradient descent and stochastic gradient descent

신경망 학습에서 각 매개변수를 어떤 방향으로 이동할지의 결정과 각 매개변수와 관련된 손실의 기울기를 계산하여 각 매개변수를 얼마나 이동시킬지를 결정했다. 또한 학습률에 의해 기울기를 확대 및 축소하였다.

Source Code

```
def sgd(params, lr, batch_size):
    for param in params:
        param[:] = param - lr * param.grad / batch_size

import mxnet as mx
from mxnet import autograd
from mxnet import ndarray as nd
from mxnet import gluon
import random
```

```
mx.random.seed(1)
random.seed(1)

# Generate data.
num_inputs = 2
num_examples = 1000
true_w = [2, -3.4]
true_b = 4.2
X = nd.random_normal(scale=1, shape=(num_examples, num_inputs))
y = true_w[0] * X[:, 0] + true_w[1] * X[:, 1] + true_b
y += .01 * nd.random_normal(scale=1, shape=y.shape)
dataset = gluon.data.ArrayDataset(X, y)

# Construct data iterator.
def data_iter(batch_size):
    idx = list(range(num_examples))
    random.shuffle(idx)
    for batch_i, i in enumerate(range(0, num_examples, batch_size)):
        j = nd.array(idx[i: min(i + batch_size, num_examples)])
        yield batch_i, X.take(j), y.take(j)

# Initialize model parameters.
def init_params():
    w = nd.random_normal(scale=1, shape=(num_inputs, 1))
    b = nd.zeros(shape=(1,))
    params = [w, b]
    for param in params:
        param.attach_grad()
    return params

# Linear regression.
def net(X, w, b):
    return nd.dot(X, w) + b

# Loss function.
def square_loss(yhat, y):
    return (yhat - y.reshape(yhat.shape)) ** 2 / 2

#matplotlib inline
import matplotlib as mpl
mpl.rcParams['figure.dpi']= 120
import matplotlib.pyplot as plt
import numpy as np

def train(batch_size, lr, epochs, period):
    assert period >= batch_size and period % batch_size == 0
```

```
w, b = init_params()
total_loss = [np.mean(square_loss(net(X, w, b), y).asnumpy())]
# Epoch starts from 1.
for epoch in range(1, epochs + 1):
    # Decay learning rate.
    if epoch > 2:
        lr *= 0.1
    for batch_i, data, label in data_iter(batch_size):
        with autograd.record():
            output = net(data, w, b)
            loss = square_loss(output, label)
        loss.backward()
        sgd([w, b], lr, batch_size)
        if batch_i * batch_size % period == 0:
            total_loss.append(
                np.mean(square_loss(net(X, w, b), y).asnumpy()))
    print("Batch size %d, Learning rate %f, Epoch %d, loss %.4e" %
          (batch_size, lr, epoch, total_loss[-1]))
print('w:', np.reshape(w.asnumpy(), (1, -1)),
      'b:', b.asnumpy()[0], '\n')
x_axis = np.linspace(0, epochs, len(total_loss), endpoint=True)
plt.semilogy(x_axis, total_loss)
plt.xlabel('epoch')
plt.ylabel('loss')
plt.show()
```

Result

```
>>> train(batch_size=1, lr=0.2, epochs=3, period=10)
```

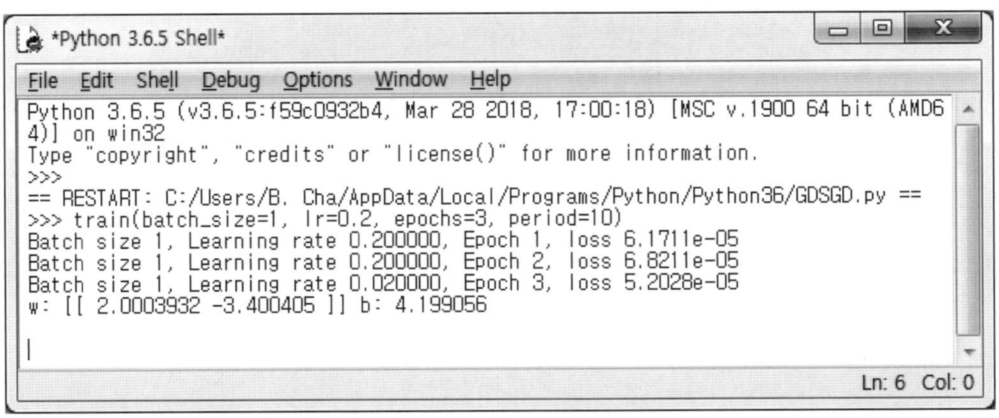

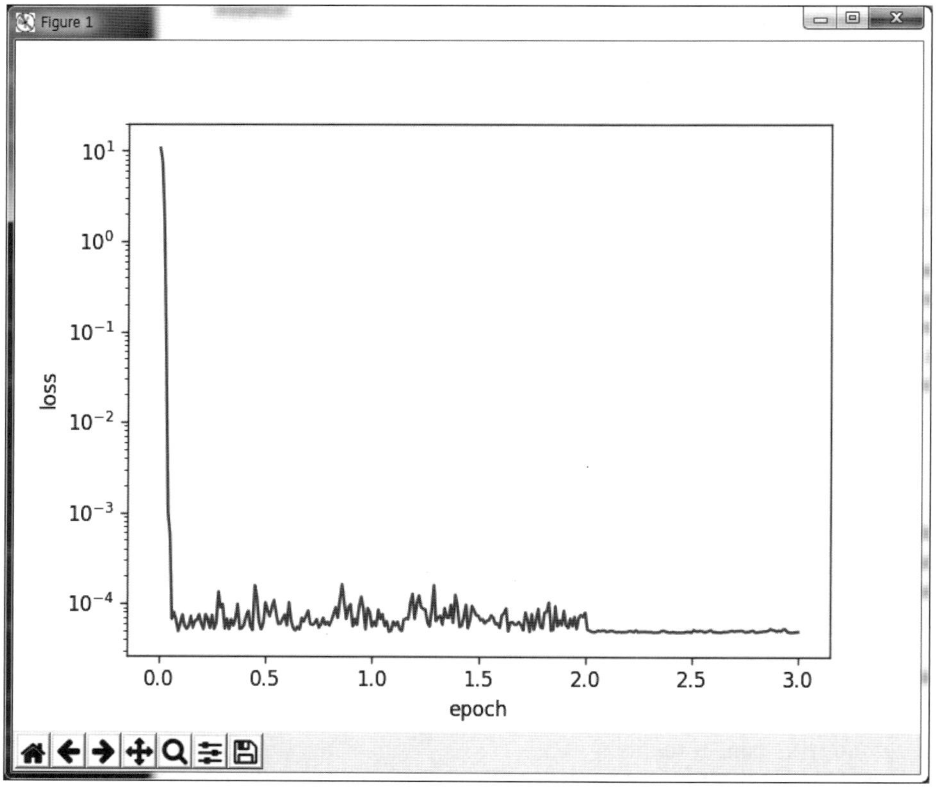

Source Code

```
>>> train(batch_size=1000, lr=0.999, epochs=3, period=1000)
```

Python 3.6.5 Shell

```
>>> train(batch_size=1000, lr=0.999, epochs=3, period=1000)
Batch size 1000, Learning rate 0.999000, Epoch 1, loss 2.6396e-01
Batch size 1000, Learning rate 0.999000, Epoch 2, loss 2.9608e-03
Batch size 1000, Learning rate 0.099900, Epoch 3, loss 2.3531e-03
w: [[ 1.9859558 -3.3415716]] b: 4.1770754
```

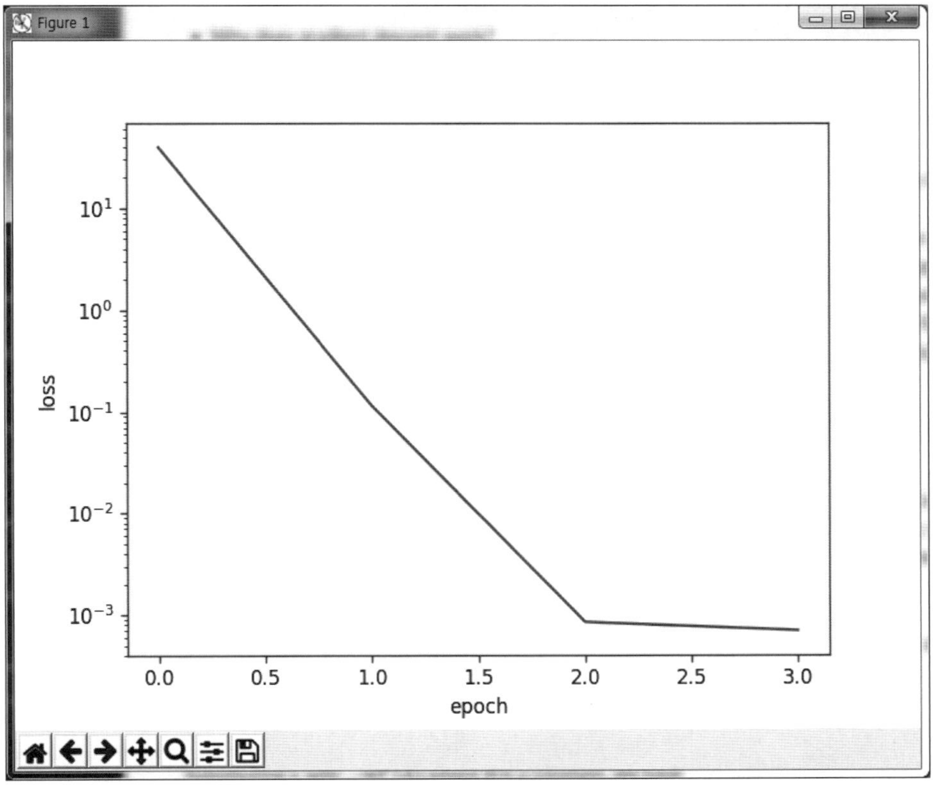

Result

>>> train(batch_size=10, lr=0.2, epochs=3, period=10)

```
*Python 3.6.5 Shell*
File  Edit  Shell  Debug  Options  Window  Help
Python 3.6.5 (v3.6.5:f59c0932b4, Mar 28 2018, 17:00:18) [MSC v.1900 64 bit (AMD6
4)] on win32
Type "copyright", "credits" or "license()" for more information.
>>>
== RESTART: C:/Users/B. Cha/AppData/Local/Programs/Python/Python36/GDSGD.py ==
>>> train(batch_size=10, lr=0.2, epochs=3, period=10)
Batch size 10, Learning rate 0.200000, Epoch 1, loss 5.1922e-05
Batch size 10, Learning rate 0.200000, Epoch 2, loss 5.3175e-05
Batch size 10, Learning rate 0.020000, Epoch 3, loss 5.1209e-05
w: [[ 1.9997088 -3.4004984]] b: 4.20007
Ln: 11  Col: 0
```

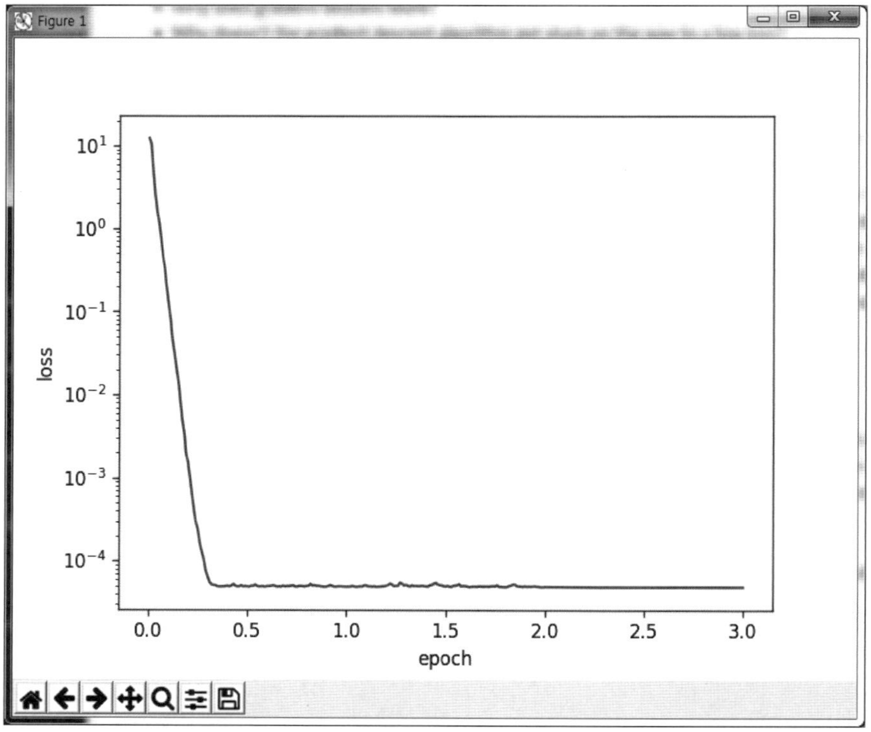

Source Code

>>> train(batch_size=10, lr=5, epochs=3, period=10)

```
*Python 3.6.5 Shell*
File Edit Shell Debug Options Window Help
>>> train(batch_size=10, lr=5, epochs=3, period=10)
Batch size 10, Learning rate 5.000000, Epoch 1, loss nan
Batch size 10, Learning rate 5.000000, Epoch 2, loss nan
Batch size 10, Learning rate 0.500000, Epoch 3, loss nan
w: [[nan nan]] b: nan
|
Ln: 23 Col: 0
```

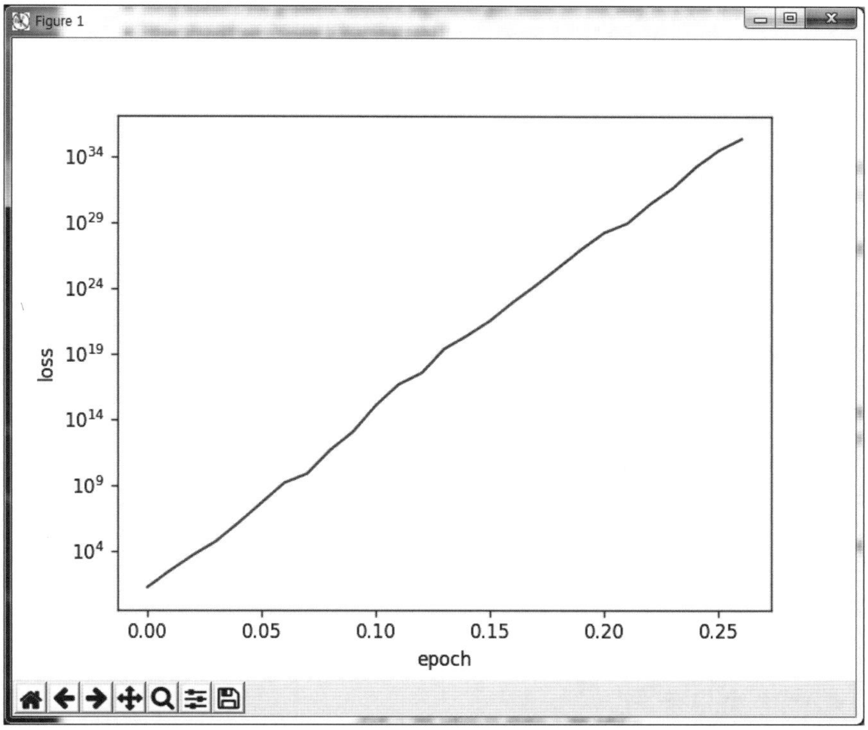

Result

>>> train(batch_size=10, lr=0.002, epochs=3, period=10)

```
*Python 3.6.5 Shell*
File Edit Shell Debug Options Window Help
>>> train(batch_size=10, lr=0.002, epochs=3, period=10)
Batch size 10, Learning rate 0.002000, Epoch 1, loss 1.2948e+01
Batch size 10, Learning rate 0.002000, Epoch 2, loss 8.3951e+00
Batch size 10, Learning rate 0.000200, Epoch 3, loss 8.0397e+00
w: [[ 0.64808697 -1.0157491 ]] b: 1.481072
|
Ln: 38 Col: 0
```

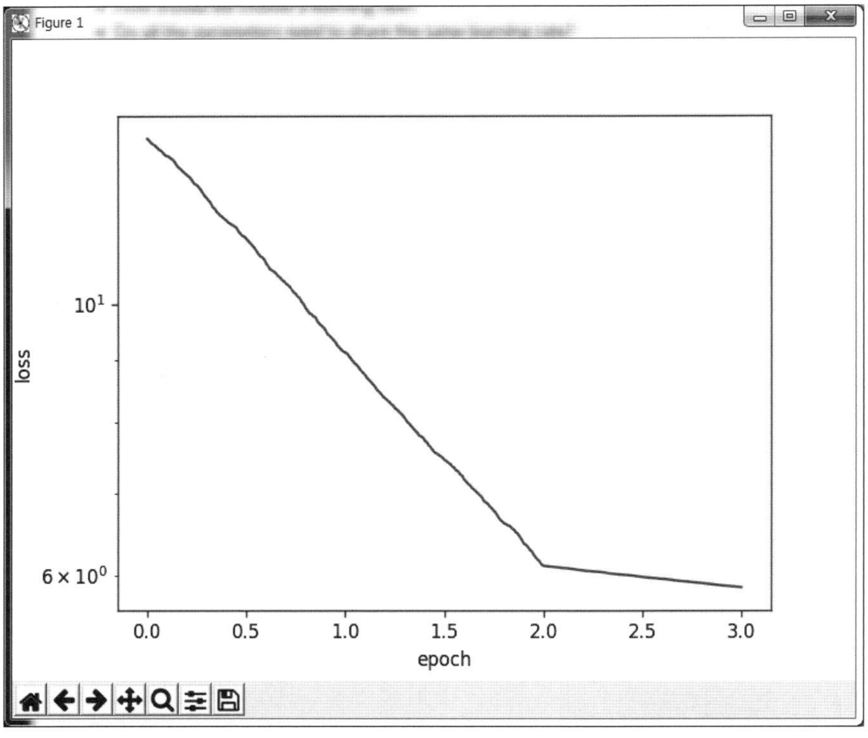

5.9 Generative Adversarial Networks

예측하는 방법으로 데이터와 라벨의 매핑에 의한 Deep neural network learning을 사용하였다. 이런 학습을 Discriminative learning이라 부르며, 이미지의 고양이와 개 사진을 구별 할 수 있기를 바랐다. Classifiers와 regressors 는 모두 Discriminative learning의 좋은 예제이며, 역전파 신경망은 거대한 복잡한 데이터 세트에서 Discriminative learning에 대해 기존 알고 있던 것 이상으로 발전하였다. 고해상도 이미지의 분류 정확도는 몇 년 안에 인간 수준을 넘어설 것으로 예상된다.

Source Code

```
from __future__ import print_function
import matplotlib as mpl
from matplotlib import pyplot as plt
import mxnet as mx
```

```
from mxnet import gluon, autograd, nd
from mxnet.gluon import nn
import numpy as np

ctx = mx.cpu()

X = nd.random_normal(shape=(1000, 2))
A = nd.array([[1, 2], [-0.1, 0.5]])
b = nd.array([1, 2])
X = nd.dot(X,A) + b
Y = nd.ones(shape=(1000,1))

# and stick them into an iterator
batch_size = 4
train_data = mx.io.NDArrayIter(X, Y, batch_size, shuffle=True)

plt.scatter(X[:, 0].asnumpy(),X[:,1].asnumpy())
plt.show()
print("The covariance matrix is")
print(nd.dot(A, A.T))


# build the generator
netG = nn.Sequential()
with netG.name_scope():
    netG.add(nn.Dense(2))

# build the discriminator (with 5 and 3 hidden units respectively)
netD = nn.Sequential()
with netD.name_scope():
    netD.add(nn.Dense(5, activation='tanh'))
    netD.add(nn.Dense(3 ,activation='tanh'))
    netD.add(nn.Dense(2))

# loss
loss = gluon.loss.SoftmaxCrossEntropyLoss()

# initialize the generator and the discriminator
netG.initialize(mx.init.Normal(0.02), ctx=ctx)
netD.initialize(mx.init.Normal(0.02), ctx=ctx)

# trainer for the generator and the discriminator
trainerG = gluon.Trainer(netG.collect_params(), 'adam', {'learning_rate': 0.01})
trainerD = gluon.Trainer(netD.collect_params(), 'adam', {'learning_rate': 0.05})

real_label = mx.nd.ones((batch_size,), ctx=ctx)
```

```
fake_label = mx.nd.zeros((batch_size,), ctx=ctx)
metric = mx.metric.Accuracy()

# set up logging
from datetime import datetime
import os
import time

stamp =  datetime.now().strftime('%Y_%m_%d-%H_%M')
for epoch in range(10):
    tic = time.time()
    train_data.reset()
    for i, batch in enumerate(train_data):
        ############################
        # (1) Update D network: maximize log(D(x)) + log(1 - D(G(z)))
        ###########################
        # train with real_t
        data = batch.data[0].as_in_context(ctx)
        noise = nd.random_normal(shape=(batch_size, 2), ctx=ctx)

        with autograd.record():
            real_output = netD(data)
            errD_real = loss(real_output, real_label)

            fake = netG(noise)
            fake_output = netD(fake.detach())
            errD_fake = loss(fake_output, fake_label)
            errD = errD_real + errD_fake
            errD.backward()

        trainerD.step(batch_size)
        metric.update([real_label,], [real_output,])
        metric.update([fake_label,], [fake_output,])

        ############################
        # (2) Update G network: maximize log(D(G(z)))
        ###########################
        with autograd.record():
            output = netD(fake)
            errG = loss(output, real_label)
            errG.backward()

        trainerG.step(batch_size)

    name, acc = metric.get()
    metric.reset()
```

```
    print('\nbinary training acc at epoch %d: %s=%f' % (epoch, name, acc))
    print('time: %f' % (time.time() - tic))
    noise = nd.random_normal(shape=(100, 2), ctx=ctx)
    fake = netG(noise)
    plt.scatter(X[:,0].asnumpy(),X[:,1].asnumpy())
    plt.scatter(fake[:,0].asnumpy(),fake[:,1].asnumpy())
    plt.show()

noise = mx.nd.random_normal(shape=(100, 2), ctx=ctx)
fake = netG(noise)

plt.scatter(X[:, 0].asnumpy(),X[:,1].asnumpy())
plt.scatter(fake[:,0].asnumpy(),fake[:,1].asnumpy())
plt.show()
```

Result

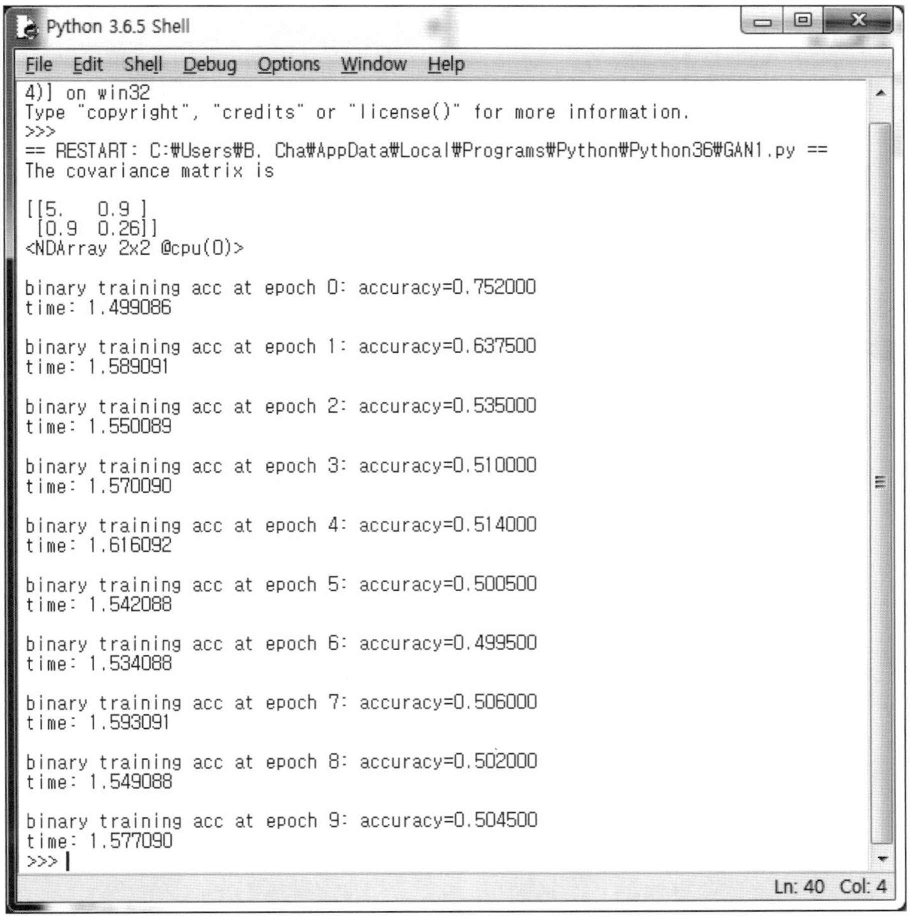


```
4)] on win32
Type "copyright", "credits" or "license()" for more information.
>>>
== RESTART: C:₩Users₩B. Cha₩AppData₩Local₩Programs₩Python₩Python36₩GAN1.py ==
The covariance matrix is

[[5.   0.9 ]
 [0.9  0.26]]
<NDArray 2x2 @cpu(0)>

binary training acc at epoch 0: accuracy=0.752000
time: 1.499086

binary training acc at epoch 1: accuracy=0.637500
time: 1.589091

binary training acc at epoch 2: accuracy=0.535000
time: 1.550089

binary training acc at epoch 3: accuracy=0.510000
time: 1.570090

binary training acc at epoch 4: accuracy=0.514000
time: 1.616092

binary training acc at epoch 5: accuracy=0.500500
time: 1.542088

binary training acc at epoch 6: accuracy=0.499500
time: 1.534088

binary training acc at epoch 7: accuracy=0.506000
time: 1.593091

binary training acc at epoch 8: accuracy=0.502000
time: 1.549088

binary training acc at epoch 9: accuracy=0.504500
time: 1.577090
>>>
```

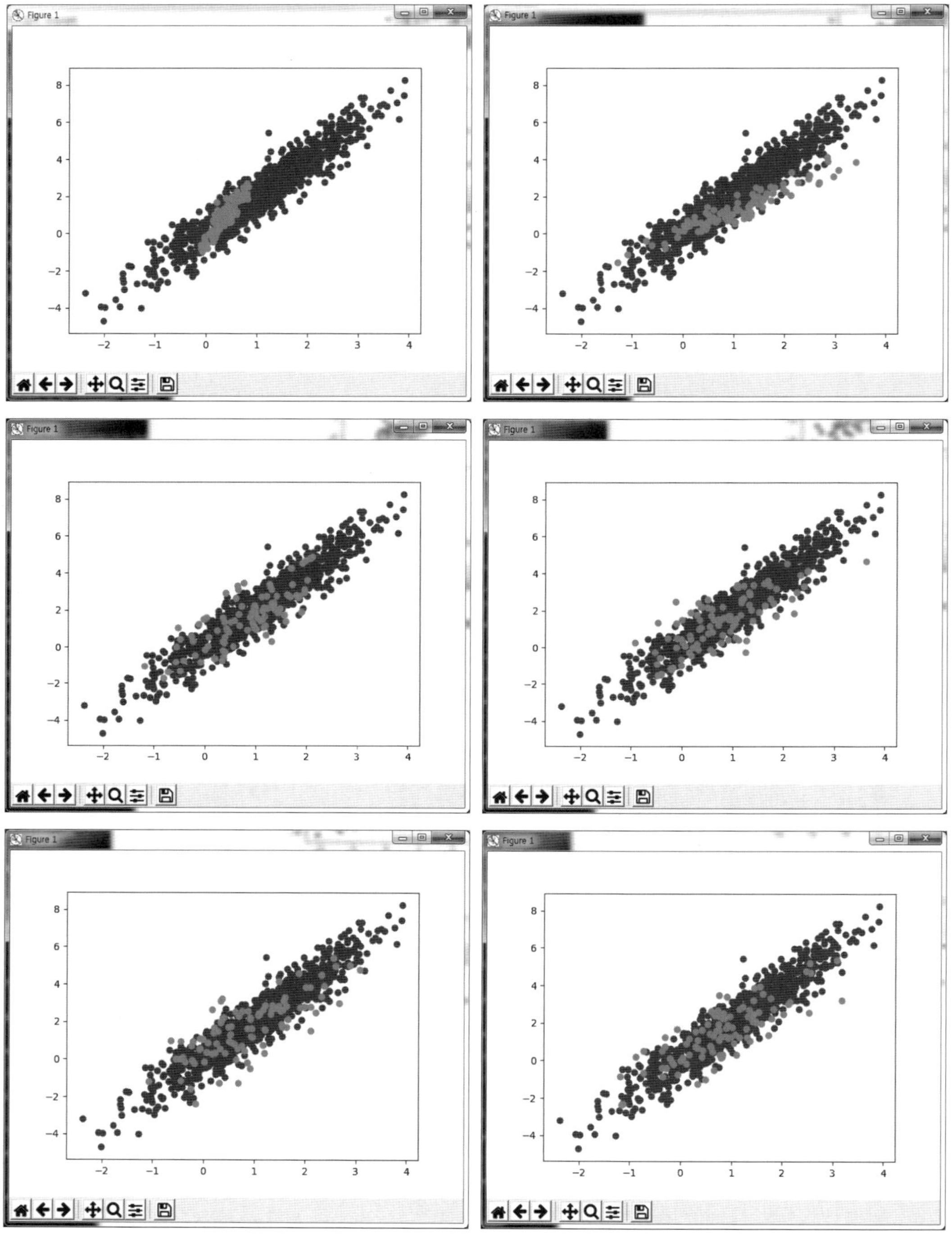
Figure 1
8
6
4
2
0
−2
−4
−2 −1 0 1 2 3 4

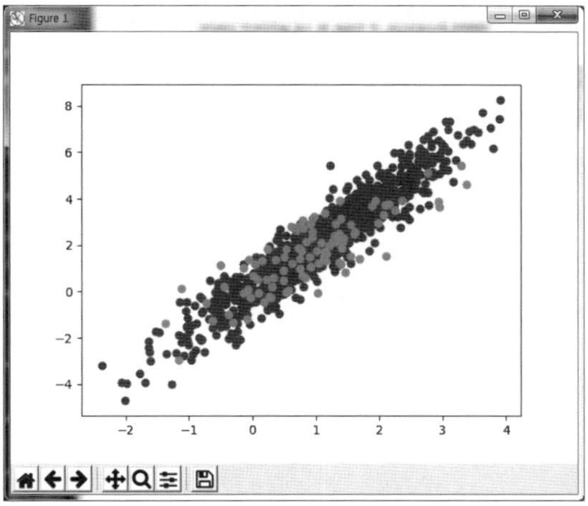
Figure 1
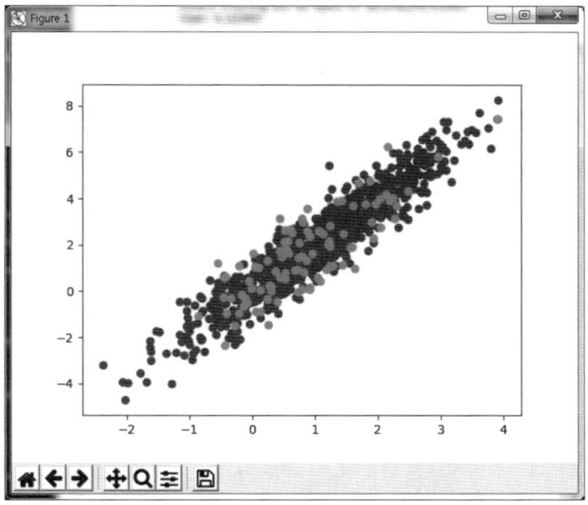
Figure 1
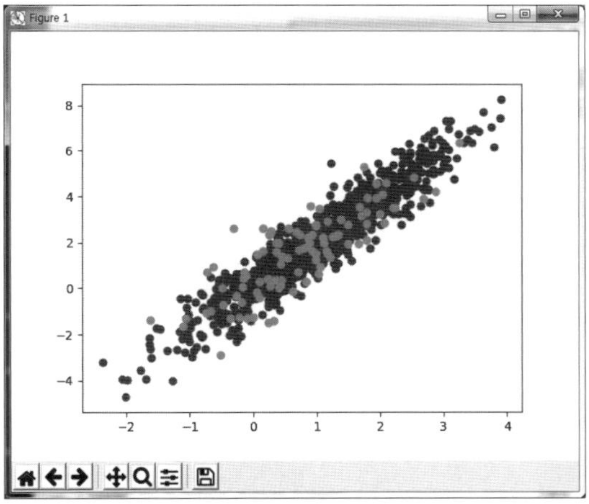
Figure 1
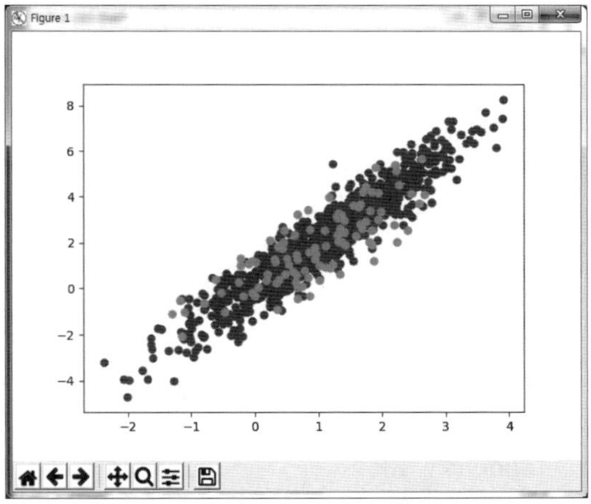
Figure 1
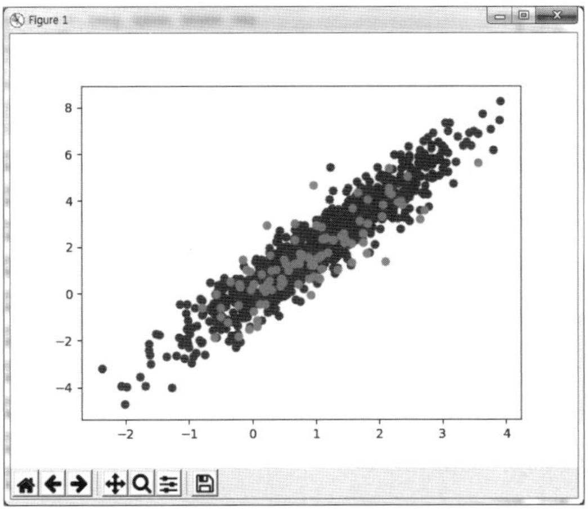
Figure 1

5.10 Bayes by Backprop

신경망 학습에 overfitting 문제를 해결하기 위하여 추가적으로 dropout이라는 개념을 도입하며, 이 개념은 훈련 중 가중치의 일정 비율을 무작위로 제거하는 방법이다. Bayes by Backprop 알고리즘을 통해 변화 추론을 이용하여 신경망에 대한 효율적인 베이지안 방법을 살펴볼 수 있으며, 높은 정확도를 유지하면서 훈련 후 신경망의 가중치 수를 현저하게 줄일 수 있음을 확인할 수 있다.

Source Code

```
from __future__ import print_function
import collections
import mxnet as mx
import numpy as np
from mxnet import nd, autograd
from matplotlib import pyplot as plt

config = {
    "num_hidden_layers": 2,
    "num_hidden_units": 400,
    "batch_size": 128,
    "epochs": 10,
    "learning_rate": 0.001,
    "num_samples": 1,
    "pi": 0.25,
    "sigma_p": 1.0,
    "sigma_p1": 0.75,
    "sigma_p2": 0.1,
}

ctx = mx.cpu()

def transform(data, label):
    return data.astype(np.float32)/126.0, label.astype(np.float32)

mnist = mx.test_utils.get_mnist()
num_inputs = 784
num_outputs = 10
```

```
batch_size = config['batch_size']

train_data = mx.gluon.data.DataLoader(mx.gluon.data.vision.MNIST(train=True, transform=
             transform), batch_size, shuffle=True)
test_data = mx.gluon.data.DataLoader(mx.gluon.data.vision.MNIST(train=False, transform=
            transform), batch_size, shuffle=False)

num_train = sum([batch_size for i in train_data])
num_batches = num_train / batch_size

def relu(X):
    return nd.maximum(X, nd.zeros_like(X))

num_layers = config['num_hidden_layers']

# define function for evaluating MLP
def net(X, layer_params):
    layer_input = X
    for i in range(len(layer_params) // 2 - 2):
        h_linear = nd.dot(layer_input, layer_params[2*i]) + layer_params[2*i + 1]
        layer_input = relu(h_linear)
    # last layer without ReLU
    output = nd.dot(layer_input, layer_params[-2]) + layer_params[-1]
    return output

# define network weight shapes
layer_param_shapes = []
num_hidden = config['num_hidden_units']
for i in range(num_layers + 1):
    if i == 0: # input layer
        W_shape = (num_inputs, num_hidden)
        b_shape = (num_hidden,)
    elif i == num_layers: # last layer
        W_shape = (num_hidden, num_outputs)
        b_shape = (num_outputs,)
    else: # hidden layers
        W_shape = (num_hidden, num_hidden)
        b_shape = (num_hidden,)
    layer_param_shapes.extend([W_shape, b_shape])

def log_softmax_likelihood(yhat_linear, y):
    return nd.nansum(y * nd.log_softmax(yhat_linear), axis=0, exclude=True)
```

```
LOG2PI = np.log(2.0 * np.pi)

def log_gaussian(x, mu, sigma):
    return -0.5 * LOG2PI - nd.log(sigma) - (x - mu) ** 2 / (2 * sigma ** 2)

def gaussian_prior(x):
    sigma_p = nd.array([config['sigma_p']], ctx=ctx)

    return nd.sum(log_gaussian(x, 0., sigma_p))

def gaussian(x, mu, sigma):
    scaling = 1.0 / nd.sqrt(2.0 * np.pi * (sigma ** 2))
    bell = nd.exp(- (x - mu) ** 2 / (2.0 * sigma ** 2))

    return scaling * bell

def scale_mixture_prior(x):
    sigma_p1 = nd.array([config['sigma_p1']], ctx=ctx)
    sigma_p2 = nd.array([config['sigma_p2']], ctx=ctx)
    pi = config['pi']
    first_gaussian = pi * gaussian(x, 0., sigma_p1)
    second_gaussian = (1 - pi) * gaussian(x, 0., sigma_p2)

    return nd.log(first_gaussian + second_gaussian)

def combined_loss(output, label_one_hot, params, mus, sigmas, log_prior, log_likelihood):

    # Calculate data likelihood
    log_likelihood_sum = nd.sum(log_likelihood(output, label_one_hot))

    # Calculate prior
    log_prior_sum = sum([nd.sum(log_prior(param)) for param in params])

    # Calculate variational posterior
    log_var_posterior_sum = sum([nd.sum(log_gaussian(params[i], mus[i], sigmas[i])) for
i in range(len(params))])

    # Calculate total loss
    return 1.0 / num_batches * (log_var_posterior_sum - log_prior_sum) - log_likelihood_sum

def SGD(params, lr):
    for param in params:
```

```
        param[:] = param - lr * param.grad

def evaluate_accuracy(data_iterator, net, layer_params):
    numerator = 0.
    denominator = 0.
    for i, (data, label) in enumerate(data_iterator):
        data = data.as_in_context(ctx).reshape((-1, 784))
        label = label.as_in_context(ctx)
        output = net(data, layer_params)
        predictions = nd.argmax(output, axis=1)
        numerator += nd.sum(predictions == label)
        denominator += data.shape[0]
    return (numerator / denominator).asscalar()
weight_scale = .1
rho_offset = -3

# initialize variational parameters; mean and variance for each weight
mus = []
rhos = []

for shape in layer_param_shapes:
    mu = nd.random_normal(shape=shape, ctx=ctx, scale=weight_scale)
    rho = rho_offset + nd.zeros(shape=shape, ctx=ctx)
    mus.append(mu)
    rhos.append(rho)

variational_params = mus + rhos

for param in variational_params:
    param.attach_grad()

def sample_epsilons(param_shapes):
    epsilons = [nd.random_normal(shape=shape, loc=0., scale=1.0, ctx=ctx) for shape in
param_shapes]
    return epsilons

def softplus(x):
    return nd.log(1. + nd.exp(x))

def transform_rhos(rhos):
    return [softplus(rho) for rho in rhos]
```

```
def transform_gaussian_samples(mus, sigmas, epsilons):
    samples = []
    for j in range(len(mus)):
        samples.append(mus[j] + sigmas[j] * epsilons[j])
    return samples

epochs = config['epochs']
learning_rate = config['learning_rate']
smoothing_constant = .01
train_acc = []
test_acc = []

for e in range(epochs):
    for i, (data, label) in enumerate(train_data):
        data = data.as_in_context(ctx).reshape((-1, 784))
        label = label.as_in_context(ctx)
        label_one_hot = nd.one_hot(label, 10)

        with autograd.record():
            # sample epsilons from standard normal
            epsilons = sample_epsilons(layer_param_shapes)

            # compute softplus for variance
            sigmas = transform_rhos(rhos)
            # obtain a sample from q(w|theta) by transforming the epsilons
            layer_params = transform_gaussian_samples(mus, sigmas, epsilons)

            # forward-propagate the batch
            output = net(data, layer_params)

            # calculate the loss
            loss = combined_loss(output, label_one_hot, layer_params, mus, sigmas,
                    gaussian_prior, log_softmax_likelihood)

        # backpropagate for gradient calculation
        loss.backward()

        # apply stochastic gradient descent to variational parameters
        SGD(variational_params, learning_rate)

        # calculate moving loss for monitoring convergence
        curr_loss = nd.mean(loss).asscalar()
```

```
        moving_loss = (curr_loss if ((i == 0) and (e == 0))
                       else (1 - smoothing_constant) * moving_loss + (smoothing_constant)
                           * curr_loss)

    test_accuracy = evaluate_accuracy(test_data, net, mus)
    train_accuracy = evaluate_accuracy(train_data, net, mus)
    train_acc.append(np.asscalar(train_accuracy))
    test_acc.append(np.asscalar(test_accuracy))
    print("Epoch %s. Loss: %s, Train_acc %s, Test_acc %s" %
          (e, moving_loss, train_accuracy, test_accuracy))

plt.plot(train_acc)
plt.plot(test_acc)
plt.show()

def show_weight_dist(mean, variance):
    sigma = nd.sqrt(variance)
    x = np.linspace(mean.asscalar() - 4*sigma.asscalar(), mean.asscalar() + 4*sigma.
        asscalar(), 100)
    plt.plot(x, gaussian(nd.array(x, ctx=ctx), mean, sigma).asnumpy())
    plt.show()
mu = mus[0][0][0]
var = softplus(rhos[0][0][0]) ** 2

show_weight_dist(mu, var)

def signal_to_noise_ratio(mus, sigmas):
    sign_to_noise = []
    for j in range(len(mus)):
        sign_to_noise.extend([nd.abs(mus[j]) / sigmas[j]])
    return sign_to_noise

def vectorize_matrices_in_vector(vec):
    for i in range(0, (num_layers + 1) * 2, 2):
        if i == 0:
            vec[i] = nd.reshape(vec[i], num_inputs * num_hidden)
        elif i == num_layers * 2:
            vec[i] = nd.reshape(vec[i], num_hidden * num_outputs)
        else:
            vec[i] = nd.reshape(vec[i], num_hidden * num_hidden)

    return vec
```

```
def concact_vectors_in_vector(vec):
    concat_vec = vec[0]
    for i in range(1, len(vec)):
        concat_vec = nd.concat(concat_vec, vec[i], dim=0)

    return concat_vec

def transform_vector_structure(vec):
    vec = vectorize_matrices_in_vector(vec)
    vec = concact_vectors_in_vector(vec)

    return vec

def prune_weights(sign_to_noise_vec, prediction_vector, percentages):
    pruning_indices = nd.argsort(sign_to_noise_vec, axis=0)

    for percentage in percentages:
        prediction_vector = mus_copy_vec.copy()
        pruning_indices_percent =
            pruning_indices[0:int(len(pruning_indices)*percentage)]
        for pr_ind in pruning_indices_percent:
            prediction_vector[int(pr_ind.asscalar())] = 0
        pruned_weights = restore_weight_structure(prediction_vector)
        test_accuracy = evaluate_accuracy(test_data, net, pruned_weights)
        print("%s --> %s" % (percentage, test_accuracy))

sign_to_noise = signal_to_noise_ratio(mus, sigmas)
sign_to_noise_vec = transform_vector_structure(sign_to_noise)

mus_copy = mus.copy()
mus_copy_vec = transform_vector_structure(mus_copy)

prune_weights(sign_to_noise_vec, mus_copy_vec, [0.1, 0.25, 0.5, 0.75, 0.95, 0.99, 1.0])
```

Result

```
Python 3.6.3 (v3.6.3:2c5fed8, Oct  3 2017, 17:26:49) [MSC v.1900 32 bit (Intel)]
 on win32
Type "copyright", "credits" or "license()" for more information.
>>>
 RESTART: C:/Users/B. Cha/AppData/Local/Programs/Python/Python36-32/Bay_Backpro1
.py
Downloading C:\Users\B. Cha/.mxnet/datasets/mnist\train-images-idx3-ubyte.gz fro
m https://apache-mxnet.s3-accelerate.dualstack.amazonaws.com/gluon/dataset/mnist
/train-images-idx3-ubyte.gz...
Downloading C:\Users\B. Cha/.mxnet/datasets/mnist\train-labels-idx1-ubyte.gz fro
m https://apache-mxnet.s3-accelerate.dualstack.amazonaws.com/gluon/dataset/mnist
/train-labels-idx1-ubyte.gz...
Downloading C:\Users\B. Cha/.mxnet/datasets/mnist\t10k-images-idx3-ubyte.gz from
 https://apache-mxnet.s3-accelerate.dualstack.amazonaws.com/gluon/dataset/mnist/
t10k-images-idx3-ubyte.gz...
Downloading C:\Users\B. Cha/.mxnet/datasets/mnist\t10k-labels-idx1-ubyte.gz from
 https://apache-mxnet.s3-accelerate.dualstack.amazonaws.com/gluon/dataset/mnist/
t10k-labels-idx1-ubyte.gz...
Epoch 0. Loss: 2625.50631968, Train_acc 0.947417, Test_acc 0.9463
Epoch 1. Loss: 2607.71510583, Train_acc 0.961883, Test_acc 0.9559
Epoch 2. Loss: 2600.44286422, Train_acc 0.970267, Test_acc 0.964
Epoch 3. Loss: 2596.03629657, Train_acc 0.97425, Test_acc 0.9681
Epoch 4. Loss: 2592.8564536, Train_acc 0.977183, Test_acc 0.9696
Epoch 5. Loss: 2590.16404964, Train_acc 0.980917, Test_acc 0.9726
Epoch 6. Loss: 2587.86349547, Train_acc 0.982683, Test_acc 0.9731
Epoch 7. Loss: 2586.0640197, Train_acc 0.984717, Test_acc 0.974
Epoch 8. Loss: 2584.55120604, Train_acc 0.98635, Test_acc 0.975
Epoch 9. Loss: 2582.10713755, Train_acc 0.98785, Test_acc 0.9761
```

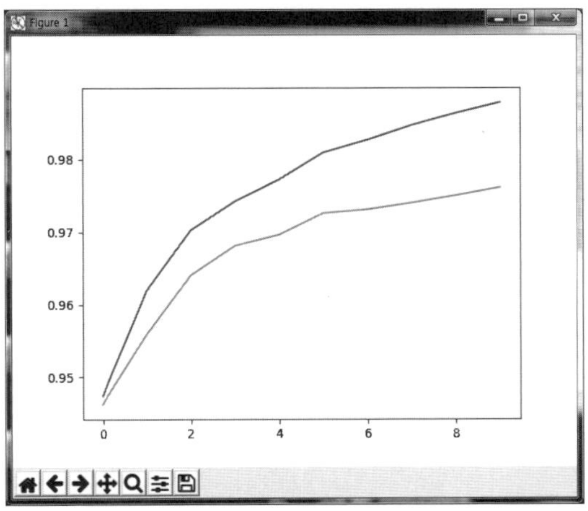

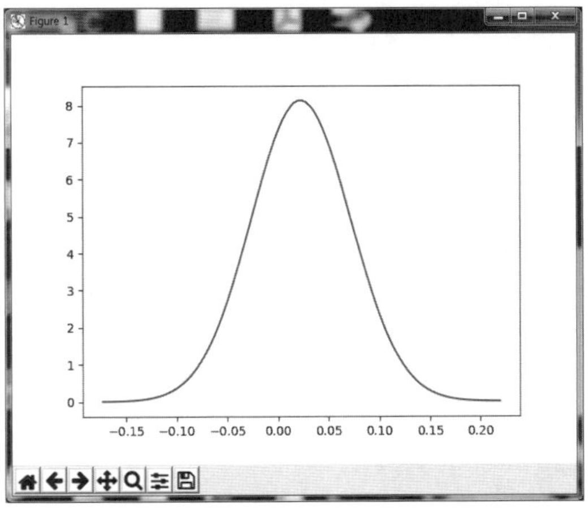

Chapter 6

MXNet를 이용한 CNN

6.1 Convolutional neural networks

최근 이미지 분류에 사용하는 Convolution neural network를 살펴보고자 한다. Convolution neural network는 convolution layer들을 통합하며, 이 레이어는 전체 레이어에 연결하는 대신 이전 레이어의 수용 필드(receptive field)라고 하는 작은 창과 각 노드를 연결한다. 이를 통해 왼쪽 하단처럼 오른쪽 상단 모서리에 대해 동일한 방식으로 적용하는 변환을 통해 지역 특징(local features)들을 먼저 학습하게 된다. 그런 다음에 이미지의 전역적 품질(global quality)을 예측하기 위해서 이 모든 로컬 정보를 수집하게 된다.

Source Code

```
from __future__ import print_function
import mxnet as mx
import numpy as np
from mxnet import nd, autograd, gluon

ctx = mx.cpu()
# ctx = mx.gpu()
mx.random.seed(1)

batch_size = 64
num_inputs = 784
num_outputs = 10
def transform(data, label):
    return nd.transpose(data.astype(np.float32), (2,0,1))/255, label.astype(np.float32)
```

```
train_data = gluon.data.DataLoader(gluon.data.vision.MNIST(train=True, transform=
            transform), batch_size, shuffle=True)

test_data = gluon.data.DataLoader(gluon.data.vision.MNIST(train=False, transform=
           transform), batch_size, shuffle=False)

#######################
# Set the scale for weight initialization and choose
# the number of hidden units in the fully-connected layer
#######################
weight_scale = .01
num_fc = 128
num_filter_conv_layer1 = 20
num_filter_conv_layer2 = 50

W1 = nd.random_normal(shape=(num_filter_conv_layer1, 1, 3,3), scale=weight_scale, ctx=ctx)
b1 = nd.random_normal(shape=num_filter_conv_layer1, scale=weight_scale, ctx=ctx)

W2 = nd.random_normal(shape=(num_filter_conv_layer2, num_filter_conv_layer1, 5, 5),
                                                  scale=weight_scale, ctx=ctx)
b2 = nd.random_normal(shape=num_filter_conv_layer2, scale=weight_scale, ctx=ctx)

W3 = nd.random_normal(shape=(800, num_fc), scale=weight_scale, ctx=ctx)
b3 = nd.random_normal(shape=num_fc, scale=weight_scale, ctx=ctx)

W4 = nd.random_normal(shape=(num_fc, num_outputs), scale=weight_scale, ctx=ctx)
b4 = nd.random_normal(shape=num_outputs, scale=weight_scale, ctx=ctx)

params = [W1, b1, W2, b2, W3, b3, W4, b4]

for param in params:
    param.attach_grad()

for data, _ in train_data:
    data = data.as_in_context(ctx)
    break
conv = nd.Convolution(data=data, weight=W1, bias=b1, kernel=(3,3), num_filter=num_
       filter_conv_layer1)
print(conv.shape)

pool = nd.Pooling(data=conv, pool_type="max", kernel=(2,2), stride=(2,2))
```

```
print(pool.shape)

def relu(X):
    return nd.maximum(X,nd.zeros_like(X))

def softmax(y_linear):
    exp = nd.exp(y_linear-nd.max(y_linear))
    partition = nd.sum(exp, axis=0, exclude=True).reshape((-1,1))
    return exp / partition

def softmax_cross_entropy(yhat_linear, y):
    return - nd.nansum(y * nd.log_softmax(yhat_linear), axis=0, exclude=True)

def net(X, debug=False):
    ########################
    #  Define the computation of the first convolutional layer
    ########################
    h1_conv = nd.Convolution(data=X, weight=W1, bias=b1, kernel=(3,3),
                             num_filter=num_filter_conv_layer1)
    h1_activation = relu(h1_conv)
    h1 = nd.Pooling(data=h1_activation, pool_type="avg", kernel=(2,2), stride=(2,2))
    if debug:
        print("h1 shape: %s" % (np.array(h1.shape)))

    ########################
    #  Define the computation of the second convolutional layer
    ########################
    h2_conv = nd.Convolution(data=h1, weight=W2, bias=b2, kernel=(5,5),
                             num_filter=num_filter_conv_layer2)
    h2_activation = relu(h2_conv)
    h2 = nd.Pooling(data=h2_activation, pool_type="avg", kernel=(2,2), stride=(2,2))
    if debug:
        print("h2 shape: %s" % (np.array(h2.shape)))

    ########################
    #  Flattening h2 so that we can feed it into a fully-connected layer
    ########################
    h2 = nd.flatten(h2)
    if debug:
        print("Flat h2 shape: %s" % (np.array(h2.shape)))
```

```
    ########################
    #  Define the computation of the third (fully-connected) layer
    ########################
    h3_linear = nd.dot(h2, W3) + b3
    h3 = relu(h3_linear)
    if debug:
        print("h3 shape: %s" % (np.array(h3.shape)))

    ########################
    #  Define the computation of the output layer
    ########################
    yhat_linear = nd.dot(h3, W4) + b4
    if debug:
        print("yhat_linear shape: %s" % (np.array(yhat_linear.shape)))

    return yhat_linear

output = net(data, debug=True)

def SGD(params, lr):
    for param in params:
        param[:] = param - lr * param.grad

def evaluate_accuracy(data_iterator, net):
    numerator = 0.
    denominator = 0.
    for i, (data, label) in enumerate(data_iterator):
        data = data.as_in_context(ctx)
        label = label.as_in_context(ctx)
        label_one_hot = nd.one_hot(label, 10)
        output = net(data)
        predictions = nd.argmax(output, axis=1)
        numerator += nd.sum(predictions == label)
        denominator += data.shape[0]
    return (numerator / denominator).asscalar()

epochs = 1
learning_rate = .01
smoothing_constant = .01

for e in range(epochs):
```

```
    for i, (data, label) in enumerate(train_data):
        data = data.as_in_context(ctx)
        label = label.as_in_context(ctx)
        label_one_hot = nd.one_hot(label, num_outputs)
        with autograd.record():
            output = net(data)
            loss = softmax_cross_entropy(output, label_one_hot)
        loss.backward()
        SGD(params, learning_rate)

        ##########################
        #  Keep a moving average of the losses
        ##########################
        curr_loss = nd.mean(loss).asscalar()
        moving_loss = (curr_loss if ((i == 0) and (e == 0))
                       else (1 - smoothing_constant) * moving_loss + (smoothing_constant)
                            * curr_loss)

    test_accuracy = evaluate_accuracy(test_data, net)
    train_accuracy = evaluate_accuracy(train_data, net)
    print("Epoch %s. Loss: %s, Train_acc %s, Test_acc %s" % (e, moving_loss, train_accuracy, test_accuracy))
```

Result

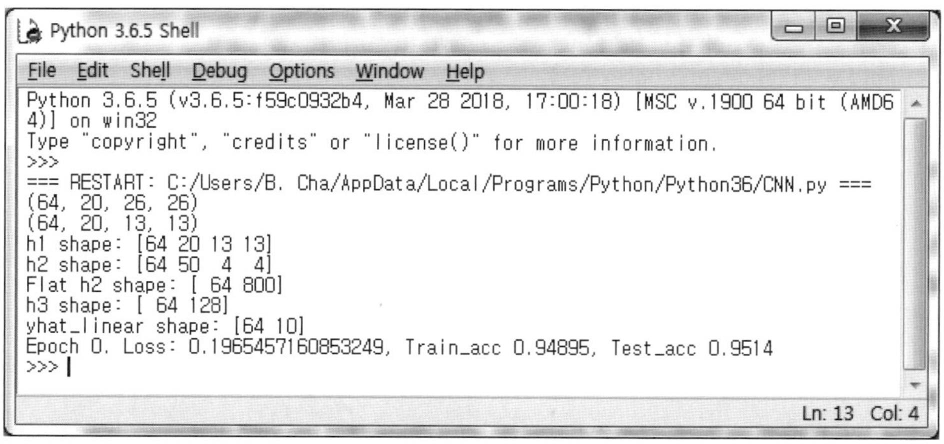

6.2 Deep convolutional neural networks

AlexNet은 Alex Krizhevsky가 디자인한 Convolution neural network이다. AlexNet은 8개 레이어로 구성되었으며, 첫 번째 5개는 convolution layer와 나머지는 완전 연결된(fully connected) max-pooling layer이다. tanh 및 sigmoid보다 개선된 훈련 성능을 보인 비 포화 ReLU 활성화 함수를 사용했으며, AlexNet은 원래 GPU를 지원하기 위해 CUDA로 작성되었다. 여기서는 AlexNet 설계와 유사한 모델을 구현할 것이며, GPU의 메모리 제약에 따른 모델을 적합하게 수정했다.

Source Code

```
from __future__ import print_function
import mxnet as mx
from mxnet import nd, autograd
from mxnet import gluon
import numpy as np
mx.random.seed(1)

# ctx = mx.gpu()
ctx = mx.cpu()

def transformer(data, label):
    data = mx.image.imresize(data, 224, 224)
    data = mx.nd.transpose(data, (2,0,1))
    data = data.astype(np.float32)
    return data, label

batch_size = 64
train_data = gluon.data.DataLoader(
    gluon.data.vision.CIFAR10('./data', train=True, transform=transformer),
    batch_size=batch_size, shuffle=True, last_batch='discard')

test_data = gluon.data.DataLoader(
    gluon.data.vision.CIFAR10('./data', train=False, transform=transformer),
    batch_size=batch_size, shuffle=False, last_batch='discard')
```

```
for d, l in train_data:
    break

print(d.shape, l.shape)

d.dtype

alex_net = gluon.nn.Sequential()

with alex_net.name_scope():
    #  First convolutional layer
    alex_net.add(gluon.nn.Conv2D(channels=96, kernel_size=11, strides=(4,4), activation=
'relu'))
    alex_net.add(gluon.nn.MaxPool2D(pool_size=3, strides=2))
    #  Second convolutional layer
    alex_net.add(gluon.nn.Conv2D(channels=192, kernel_size=5, activation='relu'))
    alex_net.add(gluon.nn.MaxPool2D(pool_size=3, strides=(2,2)))
    # Third convolutional layer
    alex_net.add(gluon.nn.Conv2D(channels=384, kernel_size=3, activation='relu'))
    # Fourth convolutional layer
    alex_net.add(gluon.nn.Conv2D(channels=384, kernel_size=3, activation='relu'))
    # Fifth convolutional layer
    alex_net.add(gluon.nn.Conv2D(channels=256, kernel_size=3, activation='relu'))
    alex_net.add(gluon.nn.MaxPool2D(pool_size=3, strides=2))
    # Flatten and apply fullly connected layers
    alex_net.add(gluon.nn.Flatten())
    alex_net.add(gluon.nn.Dense(4096, activation="relu"))
    alex_net.add(gluon.nn.Dense(4096, activation="relu"))
    alex_net.add(gluon.nn.Dense(10))

alex_net.collect_params().initialize(mx.init.Xavier(magnitude=2.24), ctx=ctx)

trainer = gluon.Trainer(alex_net.collect_params(), 'sgd', {'learning_rate': .001})

softmax_cross_entropy = gluon.loss.SoftmaxCrossEntropyLoss()

def evaluate_accuracy(data_iterator, net):
    acc = mx.metric.Accuracy()
    for d, l in data_iterator:
        data = d.as_in_context(ctx)
        label = l.as_in_context(ctx)
```

```
        output = net(data)
        predictions = nd.argmax(output, axis=1)
        acc.update(preds=predictions, labels=label)
    return acc.get()[1]

###########################
#  Only one epoch so tests can run quickly, increase this variable to actually run
###########################
epochs = 1
smoothing_constant = .01


for e in range(epochs):
    for i, (d, l) in enumerate(train_data):
        data = d.as_in_context(ctx)
        label = l.as_in_context(ctx)
        with autograd.record():
            output = alex_net(data)
            loss = softmax_cross_entropy(output, label)
        loss.backward()
        trainer.step(data.shape[0])

        ###########################
        #  Keep a moving average of the losses
        ###########################
        curr_loss = nd.mean(loss).asscalar()
        moving_loss = (curr_loss if ((i == 0) and (e == 0))
                       else (1 - smoothing_constant) * moving_loss +
(smoothing_constant) * curr_loss)

    test_accuracy = evaluate_accuracy(test_data, alex_net)
    train_accuracy = evaluate_accuracy(train_data, alex_net)
    print("Epoch %s. Loss: %s, Train_acc %s, Test_acc %s" % (e, moving_loss, train_
accuracy, test_accuracy
```

Result

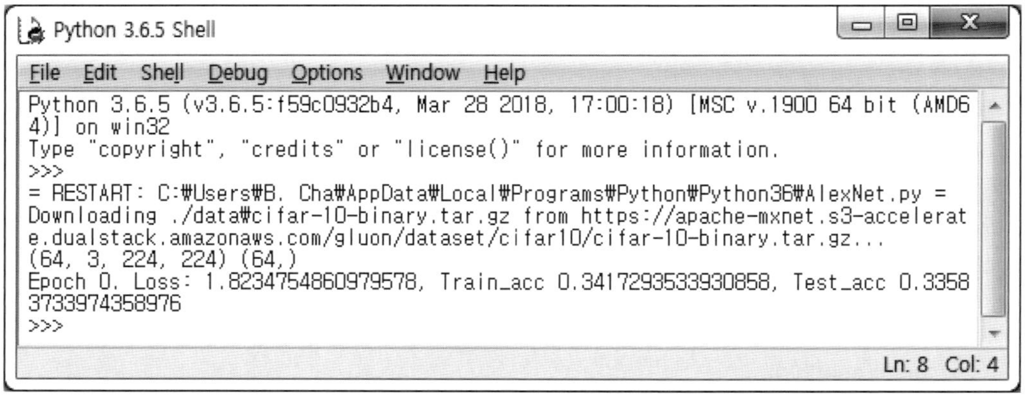
Python 3.6.5 Shell
File Edit Shell Debug Options Window Help
Python 3.6.5 (v3.6.5:f59c0932b4, Mar 28 2018, 17:00:18) [MSC v.1900 64 bit (AMD64)] on win32
Type "copyright", "credits" or "license()" for more information.
>>>
= RESTART: C:₩Users₩B. Cha₩AppData₩Local₩Programs₩Python₩Python36₩AlexNet.py =
Downloading ./data₩cifar-10-binary.tar.gz from https://apache-mxnet.s3-accelerate.dualstack.amazonaws.com/gluon/dataset/cifar10/cifar-10-binary.tar.gz...
(64, 3, 224, 224) (64,)
Epoch 0. Loss: 1.8234754860979578, Train_acc 0.3417293533930858, Test_acc 0.33583733974358976
>>>
Ln: 8 Col: 4

Chapter 7

MXNet를 이용한 RNN

7.1 Recurrent Neural Networks for Language Modeling

최근 CNN과 더불어 많이 연구 및 활용되는 Recurrent neural network를 살펴보고자 한다. 신경망의 각 레이어는 다음 레이어로 입력을 출력에 연결하기 때문에 Feedforward neural network라고 한다. 신경망에 루프 (숨겨진 레이어의 각 노드는 다음 시간 단계에서 숨겨진 레이어의 각 노드에 연결됨)가 있더라도 이 연결이 시간 단계에 걸쳐 있기 때문에 여전히 기술적으로 Feedforward neural network이다. 따라서 MLP와 같이 역전파 학습을 수행하며, 일반적으로 손실 함수는 각 시간 단계에서 손실의 평균이 된다.

Source Code

```
from __future__ import print_function
import mxnet as mx
from mxnet import nd, autograd
import numpy as np
mx.random.seed(1)
ctx = mx.cpu()

with open("timemachine.txt") as f:
    time_machine = f.read()

print(time_machine[0:500])

print(time_machine[-38075:-37500])
time_machine = time_machine[:-38083]
```

```
character_list = list(set(time_machine))
vocab_size = len(character_list)
print(character_list)
print("Length of vocab: %s" % vocab_size)

character_dict = {}
for e, char in enumerate(character_list):
    character_dict[char] = e
print(character_dict)

time_numerical = [character_dict[char] for char in time_machine]

########################
#  Check that the length is right
########################
print(len(time_numerical))

########################
#  Check that the format looks right
########################
print(time_numerical[:20])

########################
#  Convert back to text
########################
print("".join([character_list[idx] for idx in time_numerical[:39]]))

def one_hots(numerical_list, vocab_size=vocab_size):
    result = nd.zeros((len(numerical_list), vocab_size), ctx=ctx)
    for i, idx in enumerate(numerical_list):
        result[i, idx] = 1.0
    return result

print(one_hots(time_numerical[:2]))

def textify(embedding):
    result = ""
    indices = nd.argmax(embedding, axis=1).asnumpy()
    for idx in indices:
        result += character_list[int(idx)]
    return result
```

```
textify(one_hots(time_numerical[0:40]))

seq_length = 64
# -1 here so we have enough characters for labels later
num_samples = (len(time_numerical) - 1) // seq_length
dataset = one_hots(time_numerical[:seq_length*num_samples]).reshape((num_samples,
seq_length, vocab_size))
textify(dataset[0])

batch_size = 32

print('# of sequences in dataset: ', len(dataset))
num_batches = len(dataset) // batch_size
print('# of batches: ', num_batches)
train_data = dataset[:num_batches*batch_size].reshape((batch_size, num_batches,
seq_length, vocab_size))
# swap batch_size and seq_length axis to make later access easier
train_data = nd.swapaxes(train_data, 0, 1)
train_data = nd.swapaxes(train_data, 1, 2)
print('Shape of data set: ', train_data.shape)

for i in range(3):
    print("***Batch %s:***\n %s \n %s \n\n" % (i, textify(train_data[i, :, 0]), textify
(train_data[i, :, 1])))

    labels = one_hots(time_numerical[1:seq_length*num_samples+1])
train_label = labels.reshape((batch_size, num_batches, seq_length, vocab_size))
train_label = nd.swapaxes(train_label, 0, 1)
train_label = nd.swapaxes(train_label, 1, 2)
print(train_label.shape)

print(textify(train_data[10, :, 3]))
print(textify(train_label[10, :, 3]))

num_inputs = vocab_size
num_hidden = 256
num_outputs = vocab_size

########################
#  Weights connecting the inputs to the hidden layer
########################
```

```
Wxh = nd.random_normal(shape=(num_inputs,num_hidden), ctx=ctx) * .01

########################
#  Recurrent weights connecting the hidden layer across time steps
########################
Whh = nd.random_normal(shape=(num_hidden,num_hidden), ctx=ctx) * .01

########################
#  Bias vector for hidden layer
########################
bh = nd.random_normal(shape=num_hidden, ctx=ctx) * .01

########################
# Weights to the output nodes
########################
Why = nd.random_normal(shape=(num_hidden,num_outputs), ctx=ctx) * .01
by = nd.random_normal(shape=num_outputs, ctx=ctx) * .01

# NOTE: to keep notation consistent,
# we should really use capital letters
# for hidden layers and outputs,
# since we are doing batchwise computations]

params = [Wxh, Whh, bh, Why, by]

for param in params:
    param.attach_grad()

def softmax(y_linear, temperature=1.0):
    lin = (y_linear-nd.max(y_linear, axis=1).reshape((-1,1))) / temperature # shift each
row of y_linear by its max
    exp = nd.exp(lin)
    partition =nd.sum(exp, axis=1).reshape((-1,1))
    return exp / partition

####################
# With a temperature of 1 (always 1 during training), we get back some set of probabilities
####################
softmax(nd.array([[1, -1], [-1, 1]]), temperature=1.0)
```

```
####################
# If we set a high temperature, we can get more entropic (*noisier*) probabilities
####################
softmax(nd.array([[1,-1],[-1,1]]), temperature=1000.0)

####################
# Often we want to sample with low temperatures to produce sharp probabilities
####################
softmax(nd.array([[10,-10],[-10,10]]), temperature=.1)

def simple_rnn(inputs, state, temperature=1.0):
    outputs = []
    h = state
    for X in inputs:
        h_linear = nd.dot(X, Wxh) + nd.dot(h, Whh) + bh
        h = nd.tanh(h_linear)
        yhat_linear = nd.dot(h, Why) + by
        yhat = softmax(yhat_linear, temperature=temperature)
        outputs.append(yhat)
    return (outputs, h)

# def cross_entropy(yhat, y):
#     return - nd.sum(y * nd.log(yhat))

def cross_entropy(yhat, y):
    return - nd.mean(nd.sum(y * nd.log(yhat), axis=0, exclude=True))

cross_entropy(nd.array([[.2,.5,.3], [.2,.5,.3]]), nd.array([[1.,0,0], [0, 1.,0]]))


def average_ce_loss(outputs, labels):
    assert(len(outputs) == len(labels))
    total_loss = 0.
    for (output, label) in zip(outputs,labels):
        total_loss = total_loss + cross_entropy(output, label)
    return total_loss / len(outputs)


def SGD(params, lr):
    for param in params:
        param[:] = param - lr * param.grad
```

```
def sample(prefix, num_chars, temperature=1.0):
    #####################################
    # Initialize the string that we'll return to the supplied prefix
    #####################################
    string = prefix

    #####################################
    # Prepare the prefix as a sequence of one-hots for ingestion by RNN
    #####################################
    prefix_numerical = [character_dict[char] for char in prefix]
    input_sequence = one_hots(prefix_numerical)

    #####################################
    # Set the initial state of the hidden representation ($h_0$) to the zero vector
    #####################################
    sample_state = nd.zeros(shape=(1, num_hidden), ctx=ctx)

    #####################################
    # For num_chars iterations,
    #     1) feed in the current input
    #     2) sample next character from from output distribution
    #     3) add sampled character to the decoded string
    #     4) prepare the sampled character as a one_hot (to be the next input)
    #####################################
    for i in range(num_chars):
        outputs, sample_state = simple_rnn(input_sequence, sample_state, temperature=
temperature)
        choice = np.random.choice(vocab_size, p=outputs[-1][0].asnumpy())
        string += character_list[choice]
        input_sequence = one_hots([choice])
    return string

epochs = 2000
moving_loss = 0.

learning_rate = .5

# state = nd.zeros(shape=(batch_size, num_hidden), ctx=ctx)
for e in range(epochs):
    ##########################
    # Attenuate the learning rate by a factor of 2 every 100 epochs.
```

```
############################
if ((e+1) % 100 == 0):
    learning_rate = learning_rate / 2.0
state = nd.zeros(shape=(batch_size, num_hidden), ctx=ctx)
for i in range(num_batches):
    data_one_hot = train_data[i]
    label_one_hot = train_label[i]
    with autograd.record():
        outputs, state = simple_rnn(data_one_hot, state)
        loss = average_ce_loss(outputs, label_one_hot)
        loss.backward()
    SGD(params, learning_rate)

    ##########################
    #  Keep a moving average of the losses
    ##########################
    if (i == 0) and (e == 0):
        moving_loss = np.mean(loss.asnumpy()[0])
    else:
        moving_loss = .99 * moving_loss + .01 * np.mean(loss.asnumpy()[0])

print("Epoch %s. Loss: %s" % (e, moving_loss))
print(sample("The Time Ma", 1024, temperature=.1))
print(sample("The Medical Man rose, came to the lamp,", 1024, temperature=.1))
```

Result

```
timemachine - 메모장
파일(F) 편집(E) 서식(O) 보기(V) 도움말(H)
Project Gutenberg's The Time Machine, by H. G. (Herbert George) Wells

This eBook is for the use of anyone anywhere at no cost and with
almost no restrictions whatsoever.  You may copy it, give it away or
re-use it under the terms of the Project Gutenberg License included
with this eBook or online at www.gutenberg.net


Title: The Time Machine

Author: H. G. (Herbert George) Wells

Release Date: October 2, 2004 [EBook #35]

Language: English

Character set encoding: ASCII

*** START OF THIS PROJECT GUTENBERG EBOOK THE TIME MACHINE ***
```

```
*Python 3.6.5 Shell*
File Edit Shell Debug Options Window Help
 nd with
almost no restrictions whatsoever.  You may copy it, giv
 at
twenty-three, and so on. All these are evidently sections, as


(78, 64, 32, 77)
said the Time Traveller, and, to the Psychologist: 'You
think. Y
aid the Time Traveller, and, to the Psychologist: 'You
think. Yo
Epoch 0. Loss: 3.7932803058454563
The Time Maeeeeeeeeeeeeeeeeeeeeeeeeeeeeeeeeeeeeeeeeeeeeeeeeeeee eeeeeeeeeeeeeeee
eeeeeeeeeeeeeeeeeeeeeeeeeeeeeeeeeeneeneeneetee eeeeeeeeeeeeeeeeeeeeeeeeeeeteeeeeee
neeeeteeeeeeteeeeeeeeeeeeeeeeeeteeeeeeeeeeeeeeeee eeeeeeeeeeeeeeeeeeeeeeeeeeeeeeee
eee eeeteeee eeeeeeeeeeeeeeeeeeeeeeeee eaeeneeeeeeeeeeeeeeeeeeeeeeeeeeeeeeeeeeee
eeeeeeeeeeeeeeeeeeeeeeeeeeeeeeeeeeeeeeeeeeeeeeeteeeeeeeeeeeeeeeeeeeeeeteeeeteeee
eeeeeeeeeeeeeeeeeeeeeeeteeeeeeeeeeeeeeeeeeeeeeeeeeeeeeeeeeeeeeeeeeeeeeeeeeeee aeee
eeeeeeeeeeeeeeeeeeeeeeeeeeeeeee eeeeeeeeeoeeeeeeeeeeeeeeeeeeteeeneeeee eeeeeeeeeee
eeeeeeeeeeeeeeeeeeeeeeeeeeeteee eeeeeeeeeeeeeeeeeeeeeeeeeeeeeeeeeeeeeeeeeeeeeeeee
eaeeeeee eeeeeeeeeeeeeeeeeeeeeeeeeeeeeeeeeeeeeeeeeeeeeeeeeeeeeeeeeeeeeeeeeeeeeee
eeeeeeeeteeeeeeeeeeeeeeeeeeeeeeeeeeeeeeeeeeeeeeeeeeeeeeeeeeeaeeeeee eeeeeeeeeeee
eeeeeeeteeeeeteeeeeeeeeeeeeeeeeeeeeeee eeeneeeeeeeeeeeeeeeeeeeeee eeeeeeeeeeee
eeeeeeteeeeeeeeeeeeeeeeeeeeeeeeeeeeeeeeteeeeeeeeeeeeeeeeeeeeeeeeeeeeeeeeeeeeeeeee
eeeeeee eeeeeeeeeeeeeeeeeeeeeet eeeeeeeee eeeeeeeeeeeeeeeeeeeeeeeeeeeeeeeeee
The Medical Man rose, came to the lamp,eeeeeeeeeeeeeeeee eeee eeeeeeeeeeeeeeeeee
eeeeeeeeeaeeeeeeeeeeeeeeeeeeaeteeeee eeeeeeeeeeeeeeeeee teeeeeeeeeeeeeeeeeeeeee
eeeeeeee eeeeeteeeeeeeeeeeeeeeeeeaeeeeeeeteeeeeteeeeeeeeeeeeeeeeeeeeeeeeeeeeeeeee
eeeeeeeeeeeeeeeeeeeeeeeeeeeeeeeeeeeeeeeeeeeeeeeeeeeeeeeeeeeeeeeeeeeeeate  eeeeeeee
eeeeeeeeeeeeeteeeeeeeeeeeeeeeeeeeeeeeeeeeeeaeeeeeeeteeeaeete eeeeeeeee eeeeneeeee
eeeeeneeteeeeeeeeeeeeneeeeee eeeeeeeee eeeeeeeeeeeeeeeeeeeeeeeeeeeeeeeeeeeeeeeeee
eeeeeteneeeeeeeeee eeeeeeeeeeeeeeeeeeeeeeeeeeeeeee teeeeeeeeee eeeneeeeeeee eeeeee
eeeeeeeeeeeeeteeeeeeeeeeeeeeeeeeeeeeeeeeeeeeeeeee eeeeeeeeeeeeeeeeeeeeeeeeeeeee
eeeeeeeeeneeeeeeeeeeeeeeeeeeeeeeeeeeteeeeeeeeeeeteeeeeeeeee eeeeeeeeeeeeeeeeeee
eeeeeeeeeeeeeeeeeeeeeeeeeaeeeteenteeeeeeeeeeeeeeneeeeeeeeeeeeeeeeeeeeeeeeeeeeeeeeee
eeeeeeeeeeeeeeeeeee ee eeeneeeeeeeeeeeeeeeeeeeeeee eeeeeeeeeeeeeeeeeeeeeeeeeeeeeeeee
eeeeeteeeeeeeeeeeeeeeeeeeeeeeeeeeeeeeeee e  eeeeeeeeeeeeeneee eeeeeeeeeeeeeeeeeeee
eeeeeeeeeeeeeeeeeeaeeeeeeeeeeeneeeeeeeeeeneeeeeeeeeeeeeeeeeeeeeeeeeeeeeeeeeeeeieeee
eeeeeeeeeteeeeeeeeeeeee
|
Ln: 5  Col: 0
```

```
a tuman aningling and could be worlirg arryore in the daining. And was all put i
n the work be amperted hourk and as I was some travelling invenitaly me abluctly
 here as the same blown on th
Epoch 770. Loss: 0.8939989087030211
The Time Machine, and these man fell the low on the sumple of past its from the
flanisume shaned vere vigused one the matches the Mallery of the days, and the l
ittle people in the say here and there was the Morlocks ret a creatures with the
 profound seemation of the Time Traveller. I was the next to beces was surfucula
te carnoved not in the dimenoin which weap tware to my sice of a fount a feel ne
rile, at were abstanct, I had ret at may be any round me of the strong ene, and
spoke
of the absolute smoking start buck streng. And I think her or noter, and the sto
ppant years, the shoulder a cal gave again to reemy. I had to cold yen this stap
ligation of an itined greepeld or less seen at myself then I had the Marming I w
ent of their place of the Time Machine, on a clacked our own time the matches an
d the turning out of the machine was hasting apont see the side with a thought o
f the day at myshed out the Morlocks and despased to see a large rettension of t
he Time Machine, and strack destmest feiling soft dount from been has
The Medical Man rose, came to the lamp, was the sun had had and day the first in
to the shaft. There were datter a match at me, and browing of the new move fread
on, heovened me, in a wallen proper ackisially intellecturled upper-aive the gro
und like a great had before meant with a tellents, and in another mound atselfes
 to levers to feely at high. He was a little refore them and now the dim some en
derned the great hall constines of the horritaply edemanets of bronze indedslien
 spars was last fort to the down its bark of is, has how the wall be altover the
 sharts end were the have gare to a sim of a could colmaned there was the galler
y spoke like chere gread upon them was all which--sin some of the little left co
morgh some surtive hand and foot of a pelleencestony that we came of Groughter,
things and the earth not, again, and in all of the strong, sunder the last feet
the thought of the starting ling scoon it. It was a smill ow dis liver induer al
l the and put her or the time Machine, at lessing to the Morlocks and the smave
light in the days was a
```

7.2 Long short-term memory (LSTM) RNNs

Recurrent Neural Networks의 Long short-term memory 를 살펴보고자 한다. 먼저, 윈도우 커맨드 창에서 다음과 입력하여 파이썬 라이브러리 tqdm을 설치를 수행한다.

```
Microsoft Windows [Version 6.1.7601]
Copyright (c) 2009 Microsoft Corporation. All rights reserved.

C:\Users\B. Cha>python -m pip install tqdm
Collecting tqdm
  Downloading https://files.pythonhosted.org/packages/91/55/8cb23a97301b177e9c8e
3226dba45bb454411de2cbd25746763267f226c2/tqdm-4.28.1-py2.py3-none-any.whl (45kB)

    100% |████████████████████████████████| 51kB 547kB/s
Installing collected packages: tqdm
Successfully installed tqdm-4.28.1

C:\Users\B. Cha>
```

Source Code

```
import mxnet as mx
from mxnet.gluon import Block, nn
from mxnet.gluon.parameter import Parameter

class Tree(object):
    def __init__(self, idx):
        self.children = []
        self.idx = idx

    def __repr__(self):
        if self.children:
            return '{0}: {1}'.format(self.idx, str(self.children))
        else:
            return str(self.idx)

tree = Tree(0)
tree.children.append(Tree(1))
tree.children.append(Tree(2))
tree.children.append(Tree(3))
tree.children[1].children.append(Tree(4))
print(tree)

class ChildSumLSTMCell(Block):
    def __init__(self, hidden_size,
                 i2h_weight_initializer=None,
                 hs2h_weight_initializer=None,
                 hc2h_weight_initializer=None,
                 i2h_bias_initializer='zeros',
                 hs2h_bias_initializer='zeros',
                 hc2h_bias_initializer='zeros',
                 input_size=0, prefix=None, params=None):
        super(ChildSumLSTMCell, self).__init__(prefix=prefix, params=params)
        with self.name_scope():
            self._hidden_size = hidden_size
            self._input_size = input_size
            self.i2h_weight = self.params.get('i2h_weight', shape=(4*hidden_size, input_size),
                                              init=i2h_weight_initializer)
            self.hs2h_weight = self.params.get('hs2h_weight', shape=(3*hidden_size,
```

```
                                            hidden_size), init=hs2h_weight_initializer)
        self.hc2h_weight = self.params.get('hc2h_weight', shape=(hidden_size, hidden_size),
                                            init=hc2h_weight_initializer)
        self.i2h_bias = self.params.get('i2h_bias', shape=(4*hidden_size,),
                                            init=i2h_bias_initializer)
        self.hs2h_bias = self.params.get('hs2h_bias', shape=(3*hidden_size,),
                                            init=hs2h_bias_initializer)
        self.hc2h_bias = self.params.get('hc2h_bias', shape=(hidden_size,),
                                            init=hc2h_bias_initializer)

    def forward(self, F, inputs, tree):
        children_outputs = [self.forward(F, inputs, child)
                            for child in tree.children]
        if children_outputs:
            _, children_states = zip(*children_outputs) # unzip
        else:
            children_states = None

        with inputs.context as ctx:
            return self.node_forward(F, F.expand_dims(inputs[tree.idx], axis=0),
                                     children_states,
                                     self.i2h_weight.data(ctx),
                                     self.hs2h_weight.data(ctx),
                                     self.hc2h_weight.data(ctx),
                                     self.i2h_bias.data(ctx),
                                     self.hs2h_bias.data(ctx),
                                     self.hc2h_bias.data(ctx))

    def node_forward(self, F, inputs, children_states,
                     i2h_weight, hs2h_weight, hc2h_weight,
                     i2h_bias, hs2h_bias, hc2h_bias):
        # comment notation:
        # N for batch size
        # C for hidden state dimensions
        # K for number of children.

        # FC for i, f, u, o gates (N, 4*C), from input to hidden
        i2h = F.FullyConnected(data=inputs, weight=i2h_weight, bias=i2h_bias,
                               num_hidden=self._hidden_size*4)
        i2h_slices = F.split(i2h, num_outputs=4) # (N, C)*4
        i2h_iuo = F.concat(*[i2h_slices[i] for i in [0, 2, 3]], dim=1) # (N, C*3)
```

```
if children_states:
    # sum of children states, (N, C)
    hs = F.add_n(*[state[0] for state in children_states])
    # concatenation of children hidden states, (N, K, C)
    hc = F.concat(*[F.expand_dims(state[0], axis=1) for state in children_states],
           dim=1)
    # concatenation of children cell states, (N, K, C)
    cs = F.concat(*[F.expand_dims(state[1], axis=1) for state in children_states],
           dim=1)

    # calculate activation for forget gate. addition in f_act is done with broadcast
    i2h_f_slice = i2h_slices[1]
    f_act = i2h_f_slice + hc2h_bias + F.dot(hc, hc2h_weight) # (N, K, C)
    forget_gates = F.Activation(f_act, act_type='sigmoid') # (N, K, C)
else:
    # for leaf nodes, summation of children hidden states are zeros.
    hs = F.zeros_like(i2h_slices[0])

# FC for i, u, o gates, from summation of children states to hidden state
hs2h_iuo = F.FullyConnected(data=hs, weight=hs2h_weight, bias=hs2h_bias,
                            num_hidden=self._hidden_size*3)
i2h_iuo = i2h_iuo + hs2h_iuo

iuo_act_slices = F.SliceChannel(i2h_iuo, num_outputs=3) # (N, C)*3
i_act, u_act, o_act = iuo_act_slices[0], iuo_act_slices[1], iuo_act_slices[2] # (N,
                      C) each

# calculate gate outputs
in_gate = F.Activation(i_act, act_type='sigmoid')
in_transform = F.Activation(u_act, act_type='tanh')
out_gate = F.Activation(o_act, act_type='sigmoid')

# calculate cell state and hidden state
next_c = in_gate * in_transform
if children_states:
    next_c = F.sum(forget_gates * cs, axis=1) + next_c
next_h = out_gate * F.Activation(next_c, act_type='tanh')

return next_h, [next_h, next_c]
```

```
# module for distance-angle similarity
class Similarity(nn.Block):
    def __init__(self, sim_hidden_size, rnn_hidden_size, num_classes):
        super(Similarity, self).__init__()
        with self.name_scope():
            self.wh = nn.Dense(sim_hidden_size, in_units=2*rnn_hidden_size)
            self.wp = nn.Dense(num_classes, in_units=sim_hidden_size)

    def forward(self, F, lvec, rvec):
        # lvec and rvec will be tree_lstm cell states at roots
        mult_dist = F.broadcast_mul(lvec, rvec)
        abs_dist = F.abs(F.add(lvec,-rvec))
        vec_dist = F.concat(*[mult_dist, abs_dist],dim=1)
        out = F.log_softmax(self.wp(F.sigmoid(self.wh(vec_dist))))
        return out

# putting the whole model together
class SimilarityTreeLSTM(nn.Block):
    def __init__(self, sim_hidden_size, rnn_hidden_size, embed_in_size, embed_dim,
num_classes):
        super(SimilarityTreeLSTM, self).__init__()
        with self.name_scope():
            self.embed = nn.Embedding(embed_in_size, embed_dim)
            self.childsumtreelstm = ChildSumLSTMCell(rnn_hidden_size, input_size=
embed_dim)
            self.similarity = Similarity(sim_hidden_size, rnn_hidden_size, num_classes)

    def forward(self, F, l_inputs, r_inputs, l_tree, r_tree):
        l_inputs = self.embed(l_inputs)
        r_inputs = self.embed(r_inputs)
        # get cell states at roots
        lstate = self.childsumtreelstm(F, l_inputs, l_tree)[1][1]
        rstate = self.childsumtreelstm(F, r_inputs, r_tree)[1][1]
        output = self.similarity(F, lstate, rstate)
        return output

import os
import logging
logging.basicConfig(level=logging.INFO)
import numpy as np
import random
```

```
from tqdm import tqdm

import mxnet as mx

# class for vocabulary and the word embeddings
class Vocab(object):
    # constants for special tokens: padding, unknown, and beginning/end of sentence.
    PAD, UNK, BOS, EOS = 0, 1, 2, 3
    PAD_WORD, UNK_WORD, BOS_WORD, EOS_WORD = '<blank>', '<unk>', '<s>', '</s>'
    def __init__(self, filepaths=[], embedpath=None, include_unseen=False, lower=False):
        self.idx2tok = []
        self.tok2idx = {}
        self.lower = lower
        self.include_unseen = include_unseen

        self.add(Vocab.PAD_WORD)
        self.add(Vocab.UNK_WORD)
        self.add(Vocab.BOS_WORD)
        self.add(Vocab.EOS_WORD)

        self.embed = None

        for filename in filepaths:
            logging.info('loading %s'%filename)
            with open(filename, 'r') as f:
                self.load_file(f)
        if embedpath is not None:
            logging.info('loading %s'%embedpath)
            with open(embedpath, 'r') as f:
                self.load_embedding(f, reset=set([Vocab.PAD_WORD, Vocab.UNK_WORD,
                                    Vocab.BOS_WORD, Vocab.EOS_WORD]))

    @property
    def size(self):
        return len(self.idx2tok)

    def get_index(self, key):
        return self.tok2idx.get(key.lower() if self.lower else key,
                                Vocab.UNK)
```

```
def get_token(self, idx):
    if idx < self.size:
        return self.idx2tok[idx]
    else:
        return Vocab.UNK_WORD

def add(self, token):
    token = token.lower() if self.lower else token
    if token in self.tok2idx:
        idx = self.tok2idx[token]
    else:
        idx = len(self.idx2tok)
        self.idx2tok.append(token)
        self.tok2idx[token] = idx
    return idx

def to_indices(self, tokens, add_bos=False, add_eos=False):
    vec = [BOS] if add_bos else []
    vec += [self.get_index(token) for token in tokens]
    if add_eos:
        vec.append(EOS)
    return vec

def to_tokens(self, indices, stop):
    tokens = []
    for i in indices:
        tokens += [self.get_token(i)]
        if i == stop:
            break
    return tokens

def load_file(self, f):
    for line in f:
        tokens = line.rstrip('\n').split()
        for token in tokens:
            self.add(token)

def load_embedding(self, f, reset=[]):
    vectors = {}
    for line in tqdm(f.readlines(), desc='Loading embeddings'):
        tokens = line.rstrip('\n').split(' ')
```

```
            word = tokens[0].lower() if self.lower else tokens[0]
            if self.include_unseen:
                self.add(word)
            if word in self.tok2idx:
                vectors[word] = [float(x) for x in tokens[1:]]
        dim = len(vectors.values()[0])
        def to_vector(tok):
            if tok in vectors and tok not in reset:
                return vectors[tok]
            elif tok not in vectors:
                return np.random.normal(-0.05, 0.05, size=dim)
            else:
                return [0.0]*dim
        self.embed = mx.nd.array([vectors[tok] if tok in vectors and tok not in reset
                                  else [0.0]*dim for tok in self.idx2tok])

# Iterator class for SICK dataset
class SICKDataIter(object):
    def __init__(self, path, vocab, num_classes, shuffle=True):
        super(SICKDataIter, self).__init__()
        self.vocab = vocab
        self.num_classes = num_classes
        self.l_sentences = []
        self.r_sentences = []
        self.l_trees = []
        self.r_trees = []
        self.labels = []
        self.size = 0
        self.shuffle = shuffle
        self.reset()

    def reset(self):
        if self.shuffle:
            mask = list(range(self.size))
            random.shuffle(mask)
            self.l_sentences = [self.l_sentences[i] for i in mask]
            self.r_sentences = [self.r_sentences[i] for i in mask]
            self.l_trees = [self.l_trees[i] for i in mask]
            self.r_trees = [self.r_trees[i] for i in mask]
            self.labels = [self.labels[i] for i in mask]
        self.index = 0
```

```
    def next(self):
        out = self[self.index]
        self.index += 1
        return out

    def set_context(self, context):
        self.l_sentences = [a.as_in_context(context) for a in self.l_sentences]
        self.r_sentences = [a.as_in_context(context) for a in self.r_sentences]

    def __len__(self):
        return self.size

    def __getitem__(self, index):
        l_tree = self.l_trees[index]
        r_tree = self.r_trees[index]
        l_sent = self.l_sentences[index]
        r_sent = self.r_sentences[index]
        label = self.labels[index]
        return (l_tree, l_sent, r_tree, r_sent, label)


import argparse, pickle, math, os, random
import logging
logging.basicConfig(level=logging.INFO)
import numpy as np

import mxnet as mx
from mxnet import gluon
from mxnet.gluon import nn
from mxnet import autograd as ag

# training settings and hyper-parameters
use_gpu = False
optimizer = 'AdaGrad'
seed = 123
batch_size = 25
training_batches_per_epoch = 10
learning_rate = 0.01
weight_decay = 0.0001
epochs = 1
rnn_hidden_size, sim_hidden_size, num_classes = 150, 50, 5
```

```
# initialization
context = [mx.gpu(0) if use_gpu else mx.cpu()]

# seeding
mx.random.seed(seed)
np.random.seed(seed)
random.seed(seed)

# read dataset
def verified(file_path, sha1hash):
    import hashlib
    sha1 = hashlib.sha1()
    with open(file_path, 'rb') as f:
        while True:
            data = f.read(1048576)
            if not data:
                break
            sha1.update(data)
    matched = sha1.hexdigest() == sha1hash
    if not matched:
        logging.warn('Found hash mismatch in file {}, possibly due to incomplete download.'
                     .format(file_path))
    return matched

data_file_name = 'tree_lstm_dataset-3d85a6c4.cPickle'
data_file_hash = '3d85a6c44a335a33edc060028f91395ab0dcf601'
if not os.path.exists(data_file_name) or not verified(data_file_name, data_file_hash):
    from mxnet.test_utils import download
    download('https://apache-mxnet.s3-accelerate.amazonaws.com/gluon/dataset/
        %s'%data_file_name, overwrite=True)


with open('tree_lstm_dataset-3d85a6c4.cPickle', 'rb') as f:
    train_iter, dev_iter, test_iter, vocab = pickle.load(f)

logging.info('==> SICK vocabulary size : %d ' % vocab.size)
logging.info('==> Size of train data   : %d ' % len(train_iter))
logging.info('==> Size of dev data     : %d ' % len(dev_iter))
logging.info('==> Size of test data    : %d ' % len(test_iter))
```

```
# get network
net = SimilarityTreeLSTM(sim_hidden_size, rnn_hidden_size, vocab.size, vocab.embed.shape[1],
      num_classes)

# use pearson correlation and mean-square error for evaluation
metric = mx.metric.create(['pearsonr', 'mse'])

# the prediction from the network is log-probability vector of each score class
# so use the following function to convert scalar score to the vector
# e.g 4.5 -> [0, 0, 0, 0.5, 0.5]
def to_target(x):
    target = np.zeros((1, num_classes))
    ceil = int(math.ceil(x))
    floor = int(math.floor(x))
    if ceil==floor:
        target[0][floor-1] = 1
    else:
        target[0][floor-1] = ceil - x
        target[0][ceil-1] = x - floor
    return mx.nd.array(target)

# and use the following to convert log-probability vector to score
def to_score(x):
    levels = mx.nd.arange(1, 6, ctx=x.context)
    return [mx.nd.sum(levels*mx.nd.exp(x), axis=1).reshape((-1,1))]

# when evaluating in validation mode, check and see if pearson-r is improved
# if so, checkpoint and run evaluation on test dataset
def test(ctx, data_iter, best, mode='validation', num_iter=-1):
    data_iter.reset()
    samples = len(data_iter)
    data_iter.set_context(ctx[0])
    preds = []
    labels = [mx.nd.array(data_iter.labels, ctx=ctx[0]).reshape((-1,1))]
    for _ in tqdm(range(samples), desc='Testing in {} mode'.format(mode)):
        l_tree, l_sent, r_tree, r_sent, label = data_iter.next()
        z = net(mx.nd, l_sent, r_sent, l_tree, r_tree)
        preds.append(z)

    preds = to_score(mx.nd.concat(*preds, dim=0))
    metric.update(preds, labels)
```

```
    names, values = metric.get()
    metric.reset()
    for name, acc in zip(names, values):
        logging.info(mode+' acc: %s=%f'%(name, acc))
        if name == 'pearsonr':
            test_r = acc
    if mode == 'validation' and num_iter >= 0:
        if test_r >= best:
            best = test_r
            logging.info('New optimum found: {}.'.format(best))
        return best

def train(epoch, ctx, train_data, dev_data):
    # initialization with context
    if isinstance(ctx, mx.Context):
        ctx = [ctx]
    net.collect_params().initialize(mx.init.Xavier(magnitude=2.24), ctx=ctx[0])
    net.embed.weight.set_data(vocab.embed.as_in_context(ctx[0]))
    train_data.set_context(ctx[0])
    dev_data.set_context(ctx[0])

    # set up trainer for optimizing the network.
    trainer = gluon.Trainer(net.collect_params(), optimizer, {'learning_rate': learning_rate,
'wd': weight_decay})

    best_r = -1
    Loss = gluon.loss.KLDivLoss()
    for i in range(epoch):
        train_data.reset()
        num_samples = min(len(train_data), training_batches_per_epoch*batch_size)
        # collect predictions and labels for evaluation metrics
        preds = []
        labels = [mx.nd.array(train_data.labels[:num_samples], ctx=ctx[0]).reshape((-1,1))]
        for j in tqdm(range(num_samples), desc='Training epoch {}'.format(i)):
            # get next batch
            l_tree, l_sent, r_tree, r_sent, label = train_data.next()
            # use autograd to record the forward calculation
            with ag.record():
                # forward calculation. the output is log probability
                z = net(mx.nd, l_sent, r_sent, l_tree, r_tree)
                # calculate loss
```

```
                loss = Loss(z, to_target(label).as_in_context(ctx[0]))
                # backward calculation for gradients.
                loss.backward()
                preds.append(z)
            # update weight after every batch_size samples
            if (j+1) % batch_size == 0:
                trainer.step(batch_size)

        # translate log-probability to scores, and evaluate
        preds = to_score(mx.nd.concat(*preds, dim=0))
        metric.update(preds, labels)
        names, values = metric.get()
        metric.reset()
        for name, acc in zip(names, values):
            logging.info('training acc at epoch %d: %s=%f'%(i, name, acc))
        best_r = test(ctx, dev_data, best_r, num_iter=i)

train(epochs, context, train_iter, dev_iter)
```

Result

Python 3.6.5 Shell

File Edit Shell Debug Options Window Help

```
dation mode:  98%|#########8| 491/500 [51:30<01:55, 12.84s/it]♪Testing in valid
ation mode:  98%|#########8| 492/500 [51:42<01:40, 12.60s/it]♪Testing in valida
tion mode:  99%|#########8| 493/500 [51:55<01:27, 12.50s/it]♪Testing in validat
ion mode:  99%|#########8| 494/500 [52:07<01:14, 12.39s/it]♪Testing in validati
on mode:  99%|#########9| 495/500 [52:20<01:03, 12.69s/it]♪Testing in validatio
n mode:  99%|#########9| 496/500 [52:34<00:51, 12.93s/it]♪Testing in validation
mode:  99%|#########9| 497/500 [52:46<00:38, 12.72s/it]♪Testing in validation m
ode: 100%|#########9| 498/500 [52:59<00:26, 13.01s/it]♪Testing in validation mo
de: 100%|#########9| 499/500 [53:12<00:12, 12.78s/it]♪Testing in validation mod
e: 100%|##########| 500/500 [53:25<00:00, 13.07s/it]
INFO:root:validation acc: pearsonr=0.497199
INFO:root:validation acc: mse=1.422134
INFO:root:New optimum found: 0.4971994103912486.
>>>
```

Ln: 21 Col: 22713

Chapter 8

MXNet를 이용한 컴퓨터 비전

8.1 Anchor Box

Anchor Box는 탐지 대상의 후보를 표시하기 위하여 임의의 모양으로 생성하게 되며, 탐지 대상의 픽셀 주변으로 다양한 크기와 비율로 생성하게 된다.

Source Code

```
import mxnet as mx
from mxnet import nd
from mxnet.contrib.ndarray import MultiBoxPrior

n = 40
x = nd.random_uniform(shape=(1, 3, n, n))
y = MultiBoxPrior(x, sizes=[.5, .25, .1], ratios=[1, 2, .5])

boxes = y.reshape((n, n, -1, 4))
print('The first anchor box at row 21, column 21:', boxes[20, 20, 0, :])

import matplotlib.pyplot as plt
def box_to_rect(box, color, linewidth=3):
    box = box.asnumpy()
    return plt.Rectangle(
        (box[0], box[1]), (box[2]-box[0]), (box[3]-box[1]),
        fill=False, edgecolor=color, linewidth=linewidth)

colors = ['blue', 'green', 'red', 'black', 'magenta']
plt.imshow(nd.ones((n, n, 3)).asnumpy())
anchors = boxes[20, 20, :, :]
for i in range(anchors.shape[0]):
    plt.gca().add_patch(box_to_rect(anchors[i,:]*n, colors[i]))

plt.show()
```

Result

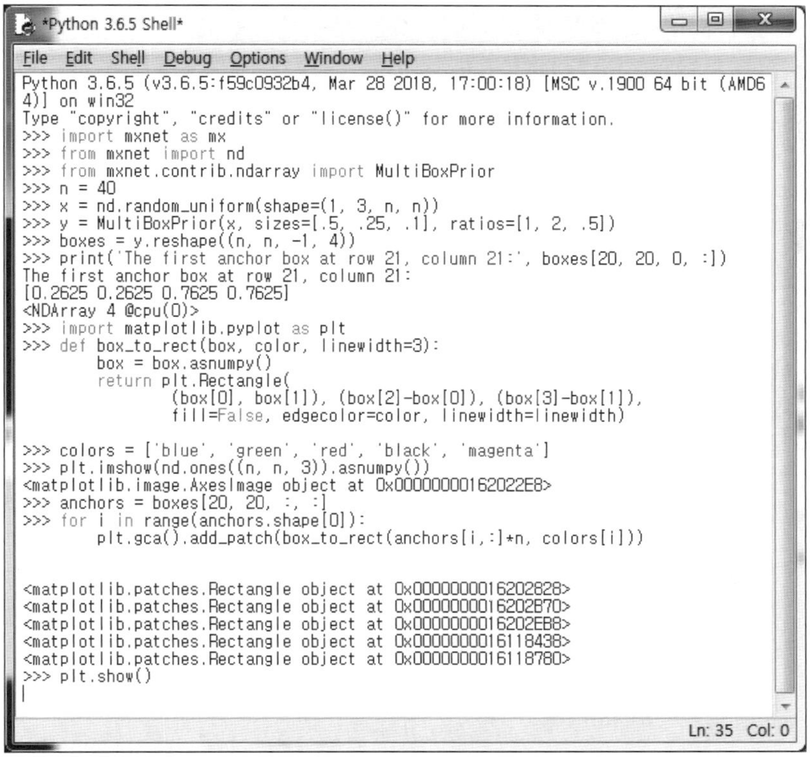

```
Python 3.6.5 (v3.6.5:f59c0932b4, Mar 28 2018, 17:00:18) [MSC v.1900 64 bit (AMD6
4)] on win32
Type "copyright", "credits" or "license()" for more information.
>>> import mxnet as mx
>>> from mxnet import nd
>>> from mxnet.contrib.ndarray import MultiBoxPrior
>>> n = 40
>>> x = nd.random_uniform(shape=(1, 3, n, n))
>>> y = MultiBoxPrior(x, sizes=[.5, .25, .1], ratios=[1, 2, .5])
>>> boxes = y.reshape((n, n, -1, 4))
>>> print('The first anchor box at row 21, column 21:', boxes[20, 20, 0, :])
The first anchor box at row 21, column 21:
[0.2625 0.2625 0.7625 0.7625]
<NDArray 4 @cpu(0)>
>>> import matplotlib.pyplot as plt
>>> def box_to_rect(box, color, linewidth=3):
        box = box.asnumpy()
        return plt.Rectangle(
                (box[0], box[1]), (box[2]-box[0]), (box[3]-box[1]),
                fill=False, edgecolor=color, linewidth=linewidth)

>>> colors = ['blue', 'green', 'red', 'black', 'magenta']
>>> plt.imshow(nd.ones((n, n, 3)).asnumpy())
<matplotlib.image.AxesImage object at 0x00000000162022E8>
>>> anchors = boxes[20, 20, :, :]
>>> for i in range(anchors.shape[0]):
        plt.gca().add_patch(box_to_rect(anchors[i,:]*n, colors[i]))


<matplotlib.patches.Rectangle object at 0x0000000016202828>
<matplotlib.patches.Rectangle object at 0x0000000016202B70>
<matplotlib.patches.Rectangle object at 0x0000000016202EB8>
<matplotlib.patches.Rectangle object at 0x0000000016118438>
<matplotlib.patches.Rectangle object at 0x0000000016118780>
>>> plt.show()
|
```

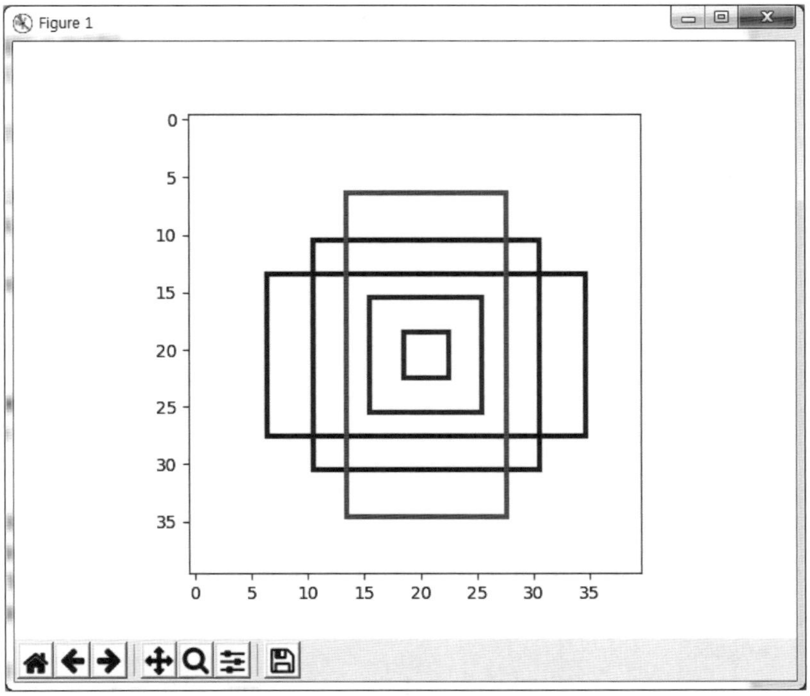

8.2 Object detection using CNN

지금까지 이미지를 기반으로 예측을 하는 것은 분류에만 관심이 있었다. 그러나 객체 탐지는 분류 보다 어려운 작업이며, 객체의 위치와 묘사, 콘텐츠 등을 인식하는 것이다. 여기에서는 Convolution neural network를 이용한 객체 탐지를 파이썬 코드로 작성한다.

Source Code

```
from mxnet.gluon import nn
import mxnet as mx
from mxnet import nd
from mxnet.contrib.ndarray import MultiBoxPrior
import matplotlib.pyplot as plt

def class_predictor(num_anchors, num_classes):
    """return a layer to predict classes"""
    return nn.Conv2D(num_anchors * (num_classes + 1), 3, padding=1)

cls_pred = class_predictor(5, 10)
cls_pred.initialize()
x = nd.zeros((2, 3, 20, 20))
print('Class prediction', cls_pred(x).shape)

def box_predictor(num_anchors):
    """return a layer to predict delta locations"""
    return nn.Conv2D(num_anchors * 4, 3, padding=1)

box_pred = box_predictor(10)
box_pred.initialize()
x = nd.zeros((2, 3, 20, 20))
print('Box prediction', box_pred(x).shape)

def down_sample(num_filters):
    """stack two Conv-BatchNorm-Relu blocks and then a pooling layer
    to halve the feature size"""
    out = nn.HybridSequential()
    for _ in range(2):
        out.add(nn.Conv2D(num_filters, 3, strides=1, padding=1))
```

```
        out.add(nn.BatchNorm(in_channels=num_filters))
        out.add(nn.Activation('relu'))
    out.add(nn.MaxPool2D(2))
    return out

blk = down_sample(10)
blk.initialize()
x = nd.zeros((2, 3, 20, 20))
print('Before', x.shape, 'after', blk(x).shape)

# a certain feature map with 20x20 spatial shape
feat1 = nd.zeros((2, 8, 20, 20))
print('Feature map 1', feat1.shape)
cls_pred1 = class_predictor(5, 10)
cls_pred1.initialize()
y1 = cls_pred1(feat1)
print('Class prediction for feature map 1', y1.shape)

# down-sample
ds = down_sample(16)
ds.initialize()
feat2 = ds(feat1)
print('Feature map 2', feat2.shape)
cls_pred2 = class_predictor(3, 10)
cls_pred2.initialize()
y2 = cls_pred2(feat2)
print('Class prediction for feature map 2', y2.shape)

def flatten_prediction(pred):
    return nd.flatten(nd.transpose(pred, axes=(0, 2, 3, 1)))

def concat_predictions(preds):
    return nd.concat(*preds, dim=1)

flat_y1 = flatten_prediction(y1)
print('Flatten class prediction 1', flat_y1.shape)
flat_y2 = flatten_prediction(y2)
print('Flatten class prediction 2', flat_y2.shape)
print('Concat class predictions', concat_predictions([flat_y1, flat_y2]).shape)
```

```
from mxnet import gluon
def body():
    """return the body network"""
    out = nn.HybridSequential()
    for nfilters in [16, 32, 64]:
        out.add(down_sample(nfilters))
    return out

bnet = body()
bnet.initialize()
x = nd.zeros((2, 3, 256, 256))
print('Body network', [y.shape for y in bnet(x)])

def toy_ssd_model(num_anchors, num_classes):
    """return SSD modules"""
    downsamples = nn.Sequential()
    class_preds = nn.Sequential()
    box_preds = nn.Sequential()

    downsamples.add(down_sample(128))
    downsamples.add(down_sample(128))
    downsamples.add(down_sample(128))

    for scale in range(5):
        class_preds.add(class_predictor(num_anchors, num_classes))
        box_preds.add(box_predictor(num_anchors))

    return body(), downsamples, class_preds, box_preds

print(toy_ssd_model(5, 2))

def toy_ssd_forward(x, body, downsamples, class_preds, box_preds, sizes, ratios):
    # extract feature with the body network
    x = body(x)

    # for each scale, add anchors, box and class predictions,
    # then compute the input to next scale
    default_anchors = []
    predicted_boxes = []
    predicted_classes = []
```

```
    for i in range(5):
        default_anchors.append(MultiBoxPrior(x, sizes=sizes[i], ratios=ratios[i]))
        predicted_boxes.append(flatten_prediction(box_preds[i](x)))
        predicted_classes.append(flatten_prediction(class_preds[i](x)))
        if i < 3:
            x = downsamples[i](x)
        elif i == 3:
            # simply use the pooling layer
            x = nd.Pooling(x, global_pool=True, pool_type='max', kernel=(4, 4))

    return default_anchors, predicted_classes, predicted_boxes

from mxnet import gluon
class ToySSD(gluon.Block):
    def __init__(self, num_classes, **kwargs):
        super(ToySSD, self).__init__(**kwargs)
        # anchor box sizes for 4 feature scales
        self.anchor_sizes = [[.2, .272], [.37, .447], [.54, .619], [.71, .79], [.88, .961]]
        # anchor box ratios for 4 feature scales
        self.anchor_ratios = [[1, 2, .5]] * 5
        self.num_classes = num_classes

        with self.name_scope():
            self.body, self.downsamples, self.class_preds, self.box_preds = toy_ssd_
model(4, num_classes)

    def forward(self, x):
        default_anchors, predicted_classes, predicted_boxes = toy_ssd_forward(x, self.
body, self.downsamples,
            self.class_preds, self.box_preds, self.anchor_sizes, self.anchor_ratios)
        # we want to concatenate anchors, class predictions, box predictions from
different layers
        anchors = concat_predictions(default_anchors)
        box_preds = concat_predictions(predicted_boxes)
        class_preds = concat_predictions(predicted_classes)
        # it is better to have class predictions reshaped for softmax computation
        class_preds = nd.reshape(class_preds, shape=(0, -1, self.num_classes + 1))

        return anchors, class_preds, box_preds
```

```
net = ToySSD(2)
net.initialize()
x = nd.zeros((1, 3, 256, 256))
default_anchors, class_predictions, box_predictions = net(x)
print('Outputs:', 'anchors', default_anchors.shape, 'class prediction', class_predictions.
shape, 'box prediction', box_predictions.shape)

from mxnet.test_utils import download
import os.path as osp
def verified(file_path, sha1hash):
    import hashlib
    sha1 = hashlib.sha1()
    with open(file_path, 'rb') as f:
        while True:
            data = f.read(1048576)
            if not data:
                break
            sha1.update(data)
    matched = sha1.hexdigest() == sha1hash
    if not matched:
        print('Found hash mismatch in file {}, possibly due to incomplete download.'
.format(file_path))
    return matched


url_format =
    'https://apache-mxnet.s3-accelerate.amazonaws.com/gluon/dataset/pikachu/{}'

hashes = {'train.rec': 'e6bcb6ffba1ac04ff8a9b1115e650af56ee969c8',
          'train.idx': 'dcf7318b2602c06428b9988470c731621716c393',
          'val.rec': 'd6c33f799b4d058e82f2cb5bd9a976f69d72d520'}

for k, v in hashes.items():
    fname = 'pikachu_' + k
    target = osp.join('data', fname)
    url = url_format.format(k)
    if not osp.exists(target) or not verified(target, v):
        print('Downloading', target, url)
        download(url, fname=fname, dirname='data', overwrite=True)
```

```
import mxnet.image as image
data_shape = 256
batch_size = 32
def get_iterators(data_shape, batch_size):
    class_names = ['pikachu']
    num_class = len(class_names)
    train_iter = image.ImageDetIter(
        batch_size=batch_size,
        data_shape=(3, data_shape, data_shape),
        path_imgrec='./data/pikachu_train.rec',
        path_imgidx='./data/pikachu_train.idx',
        shuffle=True,
        mean=True,
        rand_crop=1,
        min_object_covered=0.95,
        max_attempts=200)
    val_iter = image.ImageDetIter(
        batch_size=batch_size,
        data_shape=(3, data_shape, data_shape),
        path_imgrec='./data/pikachu_val.rec',
        shuffle=False,
        mean=True)
    return train_iter, val_iter, class_names, num_class

train_data, test_data, class_names, num_class = get_iterators(data_shape, batch_size)
batch = train_data.next()
print(batch)

import numpy as np

img = batch.data[0][0].asnumpy()  # grab the first image, convert to numpy array
img = img.transpose((1, 2, 0))  # we want channel to be the last dimension
img += np.array([123, 117, 104])
img = img.astype(np.uint8)  # use uint8 (0-255)
# draw bounding boxes on image
for label in batch.label[0][0].asnumpy():
    if label[0] < 0:
        break
    print(label)
    xmin, ymin, xmax, ymax = [int(x * data_shape) for x in label[1:5]]
    rect = plt.Rectangle((xmin, ymin), xmax - xmin, ymax - ymin, fill=False, edgecolor=
```

```
(1, 0, 0), linewidth=3)
    plt.gca().add_patch(rect)
plt.imshow(img)
plt.show()

from mxnet.contrib.ndarray import MultiBoxTarget
def training_targets(default_anchors, class_predicts, labels):
    class_predicts = nd.transpose(class_predicts, axes=(0, 2, 1))
    z = MultiBoxTarget(*[default_anchors, labels, class_predicts])
    box_target = z[0]  # box offset target for (x, y, width, height)
    box_mask = z[1]  # mask is used to ignore box offsets we don't want to penalize,
e.g. negative samples
    cls_target = z[2]  # cls_target is an array of labels for all anchors boxes
    return box_target, box_mask, cls_target

class FocalLoss(gluon.loss.Loss):
    def __init__(self, axis=-1, alpha=0.25, gamma=2, batch_axis=0, **kwargs):
        super(FocalLoss, self).__init__(None, batch_axis, **kwargs)
        self._axis = axis
        self._alpha = alpha
        self._gamma = gamma

    def hybrid_forward(self, F, output, label):
        output = F.softmax(output)
        pt = F.pick(output, label, axis=self._axis, keepdims=True)
        loss = -self._alpha * ((1 - pt) ** self._gamma) * F.log(pt)
        return F.mean(loss, axis=self._batch_axis, exclude=True)

# cls_loss = gluon.loss.SoftmaxCrossEntropyLoss()
cls_loss = FocalLoss()
print(cls_loss)

class SmoothL1Loss(gluon.loss.Loss):
    def __init__(self, batch_axis=0, **kwargs):
        super(SmoothL1Loss, self).__init__(None, batch_axis, **kwargs)

    def hybrid_forward(self, F, output, label, mask):
        loss = F.smooth_l1((output - label) * mask, scalar=1.0)
        return F.mean(loss, self._batch_axis, exclude=True)
```

```
box_loss = SmoothL1Loss()
print(box_loss)

cls_metric = mx.metric.Accuracy()
box_metric = mx.metric.MAE()  # measure absolute difference between prediction and
        target

### Set context for training
ctx = mx.gpu()  # it may takes too long to train using CPU
try:
    _ = nd.zeros(1, ctx=ctx)
    # pad label for cuda implementation
    train_data.reshape(label_shape=(3, 5))
    train_data = test_data.sync_label_shape(train_data)
except mx.base.MXNetError as err:
    print('No GPU enabled, fall back to CPU, sit back and be patient...')
    ctx = mx.cpu()

net.collect_params().reset_ctx(ctx)
trainer = gluon.Trainer(net.collect_params(), 'sgd', {'learning_rate': 0.1, 'wd': 5e-4})

epochs = 150  # set larger to get better performance
log_interval = 20
from_scratch = False  # set to True to train from scratch
if from_scratch:
    start_epoch = 0
else:
    start_epoch = 148
    pretrained = 'ssd_pretrained.params'
    sha1 = 'fbb7d872d76355fff1790d864c2238decdb452bc'
    url =
        'https://apache-mxnet.s3-accelerate.amazonaws.com/gluon/models/
                ssd_pikachu-fbb7d872.params'
    if not osp.exists(pretrained) or not verified(pretrained, sha1):
        print('Downloading', pretrained, url)
        download(url, fname=pretrained, overwrite=True)
    net.load_params(pretrained, ctx)

import time
from mxnet import autograd as ag
for epoch in range(start_epoch, epochs):
```

```
    # reset iterator and tick
    train_data.reset()
    cls_metric.reset()
    box_metric.reset()
    tic = time.time()
    # iterate through all batch
    for i, batch in enumerate(train_data):
        btic = time.time()
        # record gradients
        with ag.record():
            x = batch.data[0].as_in_context(ctx)
            y = batch.label[0].as_in_context(ctx)
            default_anchors, class_predictions, box_predictions = net(x)
            box_target, box_mask, cls_target = training_targets(default_anchors, class_
predictions, y)
            # losses
            loss1 = cls_loss(class_predictions, cls_target)
            loss2 = box_loss(box_predictions, box_target, box_mask)
            # sum all losses
            loss = loss1 + loss2
            # backpropagate
            loss.backward()
        # apply
        trainer.step(batch_size)
        # update metrics
        cls_metric.update([cls_target], [nd.transpose(class_predictions, (0, 2, 1))])
        box_metric.update([box_target], [box_predictions * box_mask])
        if (i + 1) % log_interval == 0:
            name1, val1 = cls_metric.get()
            name2, val2 = box_metric.get()
            print('[Epoch %d Batch %d] speed: %f samples/s, training: %s=%f, %s=%f'
                  %(epoch ,i, batch_size/(time.time()-btic), name1, val1, name2, val2))

    # end of epoch logging
    name1, val1 = cls_metric.get()
    name2, val2 = box_metric.get()
    print('[Epoch %d] training: %s=%f, %s=%f'%(epoch, name1, val1, name2, val2))
    print('[Epoch %d] time cost: %f'%(epoch, time.time()-tic))

# we can save the trained parameters to disk
net.save_params('ssd_%d.params' % epochs)
```

```
import numpy as np
import cv2
def preprocess(image):
    """Takes an image and apply preprocess"""
    # resize to data_shape
    image = cv2.resize(image, (data_shape, data_shape))
    # swap BGR to RGB
    image = image[:, :, (2, 1, 0)]
    # convert to float before subtracting mean
    image = image.astype(np.float32)
    # subtract mean
    image -= np.array([123, 117, 104])
    # organize as [batch-channel-height-width]
    image = np.transpose(image, (2, 0, 1))
    image = image[np.newaxis, :]
    # convert to ndarray
    image = nd.array(image)
    return image

image = cv2.imread('img/pikachu.jpg')
x = preprocess(image)
print('x', x.shape)

# if pre-trained model is provided, we can load it
# net.load_params('ssd_%d.params' % epochs, ctx)
anchors, cls_preds, box_preds = net(x.as_in_context(ctx))
print('anchors', anchors)
print('class predictions', cls_preds)
print('box delta predictions', box_preds)

from mxnet.contrib.ndarray import MultiBoxDetection
# convert predictions to probabilities using softmax
cls_probs = nd.SoftmaxActivation(nd.transpose(cls_preds, (0, 2, 1)), mode='channel')
# apply shifts to anchors boxes, non-maximum-suppression, etc...
output = MultiBoxDetection(*[cls_probs, box_preds, anchors], force_suppress=True,
clip=False)
print(output)

def display(img, out, thresh=0.5):
    import random
    import matplotlib as mpl
```

```
    mpl.rcParams['figure.figsize'] = (10,10)
    pens = dict()
    plt.clf()
    plt.imshow(img)
    for det in out:
        cid = int(det[0])
        if cid < 0:
            continue
        score = det[1]
        if score < thresh:
            continue
        if cid not in pens:
            pens[cid] = (random.random(), random.random(), random.random())
        scales = [img.shape[1], img.shape[0]] * 2
        xmin, ymin, xmax, ymax = [int(p * s) for p, s in zip(det[2:6].tolist(), scales)]
        rect = plt.Rectangle((xmin, ymin), xmax - xmin, ymax - ymin, fill=False,
                             edgecolor=pens[cid], linewidth=3)
        plt.gca().add_patch(rect)
        text = class_names[cid]
        plt.gca().text(xmin, ymin-2, '{:s} {:.3f}'.format(text, score),
                       bbox=dict(facecolor=pens[cid], alpha=0.5),
                       fontsize=12, color='white')
    plt.show()

display(image[:, :, (2, 1, 0)], output[0].asnumpy(), thresh=0.45)
```

Result

```
Python 3.6.5 Shell
File Edit Shell Debug Options Window Help
>>> from mxnet.gluon import nn
>>> def class_predictor(num_anchors, num_classes):
    """return a layer to predict classes"""
    return nn.Conv2D(num_anchors * (num_classes + 1), 3, padding=1)

>>> cls_pred = class_predictor(5, 10)
>>> cls_pred.initialize()
>>> x = nd.zeros((2, 3, 20, 20))
>>> print('Class prediction', cls_pred(x).shape)
Class prediction (2, 55, 20, 20)
>>> |
Ln: 47 Col: 4
```

```
>>> def box_predictor(num_anchors):
	"""return a layer to predict delta locations"""
	return nn.Conv2D(num_anchors * 4, 3, padding=1)

>>> box_pred = box_predictor(10)
>>> box_pred.initialize()
>>> x = nd.zeros((2, 3, 20, 20))
>>> print('Box prediction', box_pred(x).shape)
Box prediction (2, 40, 20, 20)
>>>
```

```
>>> def down_sample(num_filters):
	"""stack two Conv-BatchNorm-Relu blocks and then a pooling layer
	to halve the feature size"""
	out = nn.HybridSequential()
	for _ in range(2):
		out.add(nn.Conv2D(num_filters, 3, strides=1, padding=1))
		out.add(nn.BatchNorm(in_channels=num_filters))
		out.add(nn.Activation('relu'))
	out.add(nn.MaxPool2D(2))
	return out

>>> blk = down_sample(10)
>>> blk.initialize()
>>> x = nd.zeros((2, 3, 20, 20))
>>> print('Before', x.shape, 'after', blk(x).shape)
Before (2, 3, 20, 20) after (2, 10, 10, 10)
>>>
```

```
>>> print(toy_ssd_model(5, 2))
(HybridSequential(
  (0): HybridSequential(
    (0): Conv2D(None -> 16, kernel_size=(3, 3), stride=(1, 1), padding=(1, 1))
    (1): BatchNorm(axis=1, eps=1e-05, momentum=0.9, fix_gamma=False, use_global_
stats=False, in_channels=16)
    (2): Activation(relu)
    (3): Conv2D(None -> 16, kernel_size=(3, 3), stride=(1, 1), padding=(1, 1))
    (4): BatchNorm(axis=1, eps=1e-05, momentum=0.9, fix_gamma=False, use_global_
stats=False, in_channels=16)
    (5): Activation(relu)
    (6): MaxPool2D(size=(2, 2), stride=(2, 2), padding=(0, 0), ceil_mode=False)
  )
  (1): HybridSequential(
    (0): Conv2D(None -> 32, kernel_size=(3, 3), stride=(1, 1), padding=(1, 1))
    (1): BatchNorm(axis=1, eps=1e-05, momentum=0.9, fix_gamma=False, use_global_
stats=False, in_channels=32)
    (2): Activation(relu)
    (3): Conv2D(None -> 32, kernel_size=(3, 3), stride=(1, 1), padding=(1, 1))
    (4): BatchNorm(axis=1, eps=1e-05, momentum=0.9, fix_gamma=False, use_global_
stats=False, in_channels=32)
    (5): Activation(relu)
    (6): MaxPool2D(size=(2, 2), stride=(2, 2), padding=(0, 0), ceil_mode=False)
  )
  (2): HybridSequential(
    (0): Conv2D(None -> 64, kernel_size=(3, 3), stride=(1, 1), padding=(1, 1))
    (1): BatchNorm(axis=1, eps=1e-05, momentum=0.9, fix_gamma=False, use_global_
stats=False, in_channels=64)
    (2): Activation(relu)
    (3): Conv2D(None -> 64, kernel_size=(3, 3), stride=(1, 1), padding=(1, 1))
    (4): BatchNorm(axis=1, eps=1e-05, momentum=0.9, fix_gamma=False, use_global_
stats=False, in_channels=64)
    (5): Activation(relu)
    (6): MaxPool2D(size=(2, 2), stride=(2, 2), padding=(0, 0), ceil_mode=False)
  )
), Sequential(
  (0): HybridSequential(
    (0): Conv2D(None -> 128, kernel_size=(3, 3), stride=(1, 1), padding=(1, 1))
    (1): BatchNorm(axis=1, eps=1e-05, momentum=0.9, fix_gamma=False, use_global_
stats=False, in_channels=128)
    (2): Activation(relu)
    (3): Conv2D(None -> 128, kernel_size=(3, 3), stride=(1, 1), padding=(1, 1))
    (4): BatchNorm(axis=1, eps=1e-05, momentum=0.9, fix_gamma=False, use_global_
stats=False, in_channels=128)
    (5): Activation(relu)
    (6): MaxPool2D(size=(2, 2), stride=(2, 2), padding=(0, 0), ceil_mode=False)
  )
  (1): HybridSequential(
    (0): Conv2D(None -> 128, kernel_size=(3, 3), stride=(1, 1), padding=(1, 1))
    (1): BatchNorm(axis=1, eps=1e-05, momentum=0.9, fix_gamma=False, use_global_
stats=False, in_channels=128)
    (2): Activation(relu)
    (3): Conv2D(None -> 128, kernel_size=(3, 3), stride=(1, 1), padding=(1, 1))
    (4): BatchNorm(axis=1, eps=1e-05, momentum=0.9, fix_gamma=False, use_global_
stats=False, in_channels=128)
    (5): Activation(relu)
    (6): MaxPool2D(size=(2, 2), stride=(2, 2), padding=(0, 0), ceil_mode=False)
  )
  (2): HybridSequential(
    (0): Conv2D(None -> 128, kernel_size=(3, 3), stride=(1, 1), padding=(1, 1))
    (1): BatchNorm(axis=1, eps=1e-05, momentum=0.9, fix_gamma=False, use_global_
stats=False, in_channels=128)
    (2): Activation(relu)
    (3): Conv2D(None -> 128, kernel_size=(3, 3), stride=(1, 1), padding=(1, 1))
    (4): BatchNorm(axis=1, eps=1e-05, momentum=0.9, fix_gamma=False, use_global_
stats=False, in_channels=128)
    (5): Activation(relu)
    (6): MaxPool2D(size=(2, 2), stride=(2, 2), padding=(0, 0), ceil_mode=False)
  )
), Sequential(
  (0): Conv2D(None -> 15, kernel_size=(3, 3), stride=(1, 1), padding=(1, 1))
  (1): Conv2D(None -> 15, kernel_size=(3, 3), stride=(1, 1), padding=(1, 1))
  (2): Conv2D(None -> 15, kernel_size=(3, 3), stride=(1, 1), padding=(1, 1))
  (3): Conv2D(None -> 15, kernel_size=(3, 3), stride=(1, 1), padding=(1, 1))
  (4): Conv2D(None -> 15, kernel_size=(3, 3), stride=(1, 1), padding=(1, 1))
), Sequential(
  (0): Conv2D(None -> 20, kernel_size=(3, 3), stride=(1, 1), padding=(1, 1))
  (1): Conv2D(None -> 20, kernel_size=(3, 3), stride=(1, 1), padding=(1, 1))
  (2): Conv2D(None -> 20, kernel_size=(3, 3), stride=(1, 1), padding=(1, 1))
  (3): Conv2D(None -> 20, kernel_size=(3, 3), stride=(1, 1), padding=(1, 1))
  (4): Conv2D(None -> 20, kernel_size=(3, 3), stride=(1, 1), padding=(1, 1))
))
>>>
```

8.3 Transfering knowledge through finetuning

전달 학습(Transfer Learning)은 하나의 데이터 세트를 위한 수백만 예제들로 훈련된 강력한 모델을 사용하여, 훨씬 작은 데이터 세트를 갖는 새로운 문제에 성능을 향상 및 적용 할 수 있다는 가능성을 제공하고 있다. Deep neural network에는 finetuning 이라는 간단하면서 효과적인 도구가 있다.

Source Code

```
from __future__ import print_function
import logging
logging.basicConfig(level=logging.INFO)
import os
import time
from collections import OrderedDict
import skimage.io as io
import numpy as np
import matplotlib.pyplot as plt
import mxnet as mx
from mxnet.test_utils import download
mx.random.seed(127)

# setup the contexts; will use gpus if avaliable, otherwise cpu
gpus = mx.test_utils.list_gpus()
contexts = [mx.gpu(i) for i in gpus] if len(gpus) > 0 else [mx.cpu()]

dataset_files = {'train': ('not_hotdog_train-e6ef27b4.rec',
                 '0aad7e1f16f5fb109b719a414a867bbee6ef27b4'),
                 'validation': ('not_hotdog_validation-c0201740.rec',
                      '723ae5f8a433ed2e2bf729baec6b878ac0201740')}

demo = True
log_interval = 100

# Options are imperative or hybrid. Use hybrid for better performance.
mode = 'hybrid'
```

```
# training hyperparameters
batch_size = 256
if demo:
    epochs = 5
    learning_rate = 0.02
    wd = 0.002
else:
    epochs = 40
    learning_rate = 0.05
    wd = 0.002

# the class weight for hotdog class to help the imbalance problem.
positive_class_weight = 5

if demo:
    training_dataset, training_data_hash = dataset_files['validation']
else:
    training_dataset, training_data_hash = dataset_files['train']

validation_dataset, validation_data_hash = dataset_files['validation']

def verified(file_path, sha1hash):
    import hashlib
    sha1 = hashlib.sha1()
    with open(file_path, 'rb') as f:
        while True:
            data = f.read(1048576)
            if not data:
                break
            sha1.update(data)
    matched = sha1.hexdigest() == sha1hash
    if not matched:
        logging.warn('Found hash mismatch in file {}, possibly due to incomplete download.'
                     .format(file_path))
    return matched

url_format = 'https://apache-mxnet.s3-accelerate.amazonaws.com/gluon/dataset/{}'
if not os.path.exists(training_dataset) or not verified(training_dataset, training_
data_hash):
    logging.info('Downloading training dataset.')
    download(url_format.format(training_dataset),
```

```
            overwrite=True)
if not os.path.exists(validation_dataset) or not verified(validation_dataset, validation_
data_hash):
    logging.info('Downloading validation dataset.')
    download(url_format.format(validation_dataset),
            overwrite=True)

# load dataset
train_iter = mx.io.ImageRecordIter(path_imgrec=training_dataset,
                                   min_img_size=256,
                                   data_shape=(3, 224, 224),
                                   rand_crop=True,
                                   shuffle=True,
                                   batch_size=batch_size,
                                   max_random_scale=1.5,
                                   min_random_scale=0.75,
                                   rand_mirror=True)
val_iter = mx.io.ImageRecordIter(path_imgrec=validation_dataset,
                                 min_img_size=256,
                                 data_shape=(3, 224, 224),
                                 batch_size=batch_size)

from mxnet.gluon import nn
from mxnet.gluon.model_zoo import vision as models

# get pretrained squeezenet
net = models.squeezenet1_1(pretrained=True, prefix='deep_dog_', ctx=contexts)
# hot dog happens to be a class in imagenet.
# we can reuse the weight for that class for better performance
# here's the index for that class for later use
imagenet_hotdog_index = 713

deep_dog_net = models.squeezenet1_1(prefix='deep_dog_', classes=2)
deep_dog_net.collect_params().initialize(ctx=contexts)
deep_dog_net.features = net.features
print(deep_dog_net)

from skimage.color import rgba2rgb

def classify_hotdog(net, url, contexts):
    I = io.imread(url)
```

```
    if I.shape[2] == 4:
        I = rgba2rgb(I)
    image = mx.nd.array(I).astype(np.uint8)
    plt.subplot(1, 2, 1)
    plt.imshow(image.asnumpy())
    image = mx.image.resize_short(image, 256)
    image, _ = mx.image.center_crop(image, (224, 224))
    plt.subplot(1, 2, 2)
    plt.imshow(image.asnumpy())
    image = mx.image.color_normalize(image.astype(np.float32)/255,
                                      mean=mx.nd.array([0.485, 0.456, 0.406]),
                                      std=mx.nd.array([0.229, 0.224, 0.225]))
    image = mx.nd.transpose(image.astype('float32'), (2,1,0))
    image = mx.nd.expand_dims(image, axis=0)
    out = mx.nd.SoftmaxActivation(net(image.as_in_context(contexts[0])))
    print('Probabilities are: '+str(out[0].asnumpy()))
    result = np.argmax(out.asnumpy())
    outstring = ['Not hotdog!', 'Hotdog!']
    print(outstring[result])

classify_hotdog(deep_dog_net, 'real_hotdog.jpg', contexts)

# let's examine the output layer and find the last conv layer
print(net.output)

# the last conv layer is the second layer
pretrained_conv_params = net.output[0].params

# weights can then be found from the above parameter dict
pretrained_weight_param = pretrained_conv_params.get('weight')
pretrained_bias_param = pretrained_conv_params.get('bias')

# next, we locate the right slice that we're interested in.
hotdog_w = mx.nd.split(pretrained_weight_param.data(ctx=contexts[0]),
                       1000, axis=0)[imagenet_hotdog_index]
hotdog_b = mx.nd.split(pretrained_bias_param.data(ctx=contexts[0]),
                       1000, axis=0)[imagenet_hotdog_index]

# our classifier is for two classes. here, we reuse the hotdog class weight,
# and randomly initialize the 'not hotdog' class.
new_classifier_w = mx.nd.concat(mx.nd.random_normal(shape=hotdog_w.shape, scale=0.02,
```

```
ctx=contexts[0]), hotdog_w, dim=0)
new_classifier_b = mx.nd.concat(mx.nd.random_normal(shape=hotdog_b.shape, scale=0.02,
ctx=contexts[0]), hotdog_b, dim=0)

# finally, we initialize the parameter buffers and set the values.
# since classifier is a HybridSequential/Sequential, the following
# takes the zero-indexed 1-st layer of the classifier
final_conv_layer_params = deep_dog_net.output[0].params
final_conv_layer_params.get('weight').set_data(new_classifier_w)
final_conv_layer_params.get('bias').set_data(new_classifier_b)

# return metrics string representation
def metric_str(names, accs):
    return ', '.join(['%s=%f'%(name, acc) for name, acc in zip(names, accs)])
metric = mx.metric.create(['acc', 'f1'])

import mxnet.gluon as gluon
from mxnet.image import color_normalize

def evaluate(net, data_iter, ctx):
    data_iter.reset()
    for batch in data_iter:
        data = color_normalize(batch.data[0]/255,
                               mean=mx.nd.array([0.485, 0.456, 0.406]).reshape((1,3,1,1)),
                               std=mx.nd.array([0.229, 0.224, 0.225]).reshape((1,3,1,1)))
        data = gluon.utils.split_and_load(data, ctx_list=ctx, batch_axis=0)
        label = gluon.utils.split_and_load(batch.label[0], ctx_list=ctx, batch_axis=0)
        outputs = []
        for x in data:
            outputs.append(net(x))
        metric.update(label, outputs)
    out = metric.get()
    metric.reset()
    return out

import mxnet.autograd as autograd

def train(net, train_iter, val_iter, epochs, ctx):
    if isinstance(ctx, mx.Context):
        ctx = [ctx]
    trainer = gluon.Trainer(net.collect_params(), 'sgd', {'learning_rate': learning_rate,
```

```
'wd': wd})
    loss = gluon.loss.SoftmaxCrossEntropyLoss()

    best_f1 = 0
    val_names, val_accs = evaluate(net, val_iter, ctx)
    logging.info('[Initial] validation: %s'%(metric_str(val_names, val_accs)))
    for epoch in range(epochs):
        tic = time.time()
        train_iter.reset()
        btic = time.time()
        for i, batch in enumerate(train_iter):
            # the model zoo models expect normalized images
            data = color_normalize(batch.data[0]/255,
                                   mean=mx.nd.array([0.485, 0.456, 0.406]).reshape((1,3,1,1)),
                                   std=mx.nd.array([0.229, 0.224, 0.225]).reshape((1,3,1,1)))
            data = gluon.utils.split_and_load(data, ctx_list=ctx, batch_axis=0)
            label = gluon.utils.split_and_load(batch.label[0], ctx_list=ctx, batch_axis=0)
            outputs = []
            Ls = []
            with autograd.record():
                for x, y in zip(data, label):
                    z = net(x)
                    # rescale the loss based on class to counter the imbalance problem
                    L = loss(z, y) * (1+y*positive_class_weight)/positive_class_weight
                    # store the loss and do backward after we have done forward
                    # on all GPUs for better speed on multiple GPUs.
                    Ls.append(L)
                    outputs.append(z)
                for L in Ls:
                    L.backward()
            trainer.step(batch.data[0].shape[0])
            metric.update(label, outputs)
            if log_interval and not (i+1)%log_interval:
                names, accs = metric.get()
                logging.info('[Epoch %d Batch %d] speed: %f samples/s, training: %s'%(
                               epoch, i, batch_size/(time.time()-btic), metric_str(names,
                               accs)))
            btic = time.time()

        names, accs = metric.get()
        metric.reset()
```

```
        logging.info('[Epoch %d] training: %s'%(epoch, metric_str(names, accs)))
        logging.info('[Epoch %d] time cost: %f'%(epoch, time.time()-tic))
        val_names, val_accs = evaluate(net, val_iter, ctx)
        logging.info('[Epoch %d] validation: %s'%(epoch, metric_str(val_names, val_accs)))

        if val_accs[1] > best_f1:
            best_f1 = val_accs[1]
            logging.info('Best validation f1 found. Checkpointing...')
            net.save_parameters('deep-dog-%d.params'%(epoch))

if mode == 'hybrid':
    deep_dog_net.hybridize()
if epochs > 0:
    deep_dog_net.collect_params().reset_ctx(contexts)
    train(deep_dog_net, train_iter, val_iter, epochs, contexts)

#Uncomment below line and replace the file name with the last checkpoint.
# deep_dog_net.load_parameters('deep-dog-3.params', contexts)
#
# Alternatively, you can uncomment the following lines to get the model that we finetuned,
# with validation F1 score of 0.74.
download('https://apache-mxnet.s3-accelerate.amazonaws.com/gluon/models/deep-dog-
5a342a6f.params',
         overwrite=True)
deep_dog_net.load_parameters('deep-dog-5a342a6f.params', contexts)

classify_hotdog(deep_dog_net, 'real_hotdog.jpg', contexts)
classify_hotdog(deep_dog_net, 'leg_hotdog.jpg', contexts)
classify_hotdog(deep_dog_net, 'dog_hotdog.jpg', contexts)
```

Result

```
Python 3.6.5 Shell
File Edit Shell Debug Options Window Help
    (13): Dropout(p = 0.5, axes=())
  )
  (output): HybridSequential(
    (0): Conv2D(None -> 2, kernel_size=(1, 1), stride=(1, 1))
    (1): Activation(relu)
    (2): AvgPool2D(size=(13, 13), stride=(13, 13), padding=(0, 0), ceil_mode=False)
    (3): Flatten
  )
)
Probabilities are: [0.4509012 0.5490988]
Hotdog!
HybridSequential(
  (0): Conv2D(512 -> 1000, kernel_size=(1, 1), stride=(1, 1))
  (1): Activation(relu)
  (2): AvgPool2D(size=(13, 13), stride=(13, 13), padding=(0, 0), ceil_mode=False)
  (3): Flatten
)
INFO:root:[Initial] validation: accuracy=0.182812, f1=0.283692
INFO:root:[Epoch 0] training: accuracy=0.520312, f1=0.248844
INFO:root:[Epoch 0] time cost: 408.149345
INFO:root:[Epoch 0] validation: accuracy=0.693750, f1=0.378617
INFO:root:Best validation f1 found. Checkpointing...
INFO:root:[Epoch 1] training: accuracy=0.533594, f1=0.390540
INFO:root:[Epoch 1] time cost: 365.033879
INFO:root:[Epoch 1] validation: accuracy=0.678906, f1=0.457558
INFO:root:Best validation f1 found. Checkpointing...
INFO:root:[Epoch 2] training: accuracy=0.553906, f1=0.401945
INFO:root:[Epoch 2] time cost: 324.638568
INFO:root:[Epoch 2] validation: accuracy=0.782813, f1=0.509964
INFO:root:Best validation f1 found. Checkpointing...
INFO:root:[Epoch 3] training: accuracy=0.689063, f1=0.502721
INFO:root:[Epoch 3] time cost: 335.726202
INFO:root:[Epoch 3] validation: accuracy=0.790625, f1=0.544504
INFO:root:Best validation f1 found. Checkpointing...
INFO:root:[Epoch 4] training: accuracy=0.658594, f1=0.427425
INFO:root:[Epoch 4] time cost: 343.364608
INFO:root:[Epoch 4] validation: accuracy=0.835156, f1=0.543011
INFO:root:downloaded https://apache-mxnet.s3-accelerate.amazonaws.com/gluon/models/d
eep-dog-5a342a6f.params into deep-dog-5a342a6f.params successfully

Warning (from warnings module):
  File "C:\Users\B. Cha\AppData\Local\Programs\Python\Python36\lib\site-packages\mat
plotlib\figure.py", line 98
    "Adding an axes using the same arguments as a previous axes "
MatplotlibDeprecationWarning:
Adding an axes using the same arguments as a previous axes currently reuses the earl
ier instance.  In a future version, a new instance will always be created and return
ed.  Meanwhile, this warning can be suppressed, and the future behavior ensured, by
passing a unique label to each axes instance.
Probabilities are: [0.16392754 0.8360725 ]
Hotdog!
Probabilities are: [0.25773746 0.74226254]
Hotdog!
Probabilities are: [0.9942967  0.00570324]
Not hotdog!
>>> |
                                                                        Ln: 190  Col: 4
```

Chapter 9

TDA (Topology Data Analysis)

TDA (Topology Data Analysis)는 빅데이터에 Topology 이론을 적용하여 발견되지 않은 숨은 데이터 및 패턴을 찾기 위한 새로운 방법으로 제안되고 있다. Topology는 Coordinate Invariance, Deformation Invariance, 그리고 Compressed Representation의 3 가지 속성을 제공하고 있다.

오픈소스 TDA Tool들로는 파이썬 기반의 PythonMapper, Proof of Concept Mapper by @malware for Digital Recognition, Kohonen, 자바 기반의 JavaPlex, C++ 기반의 Dionysus, CTL, 그리고 R 기반의 TDA: Statistical Tools for Topology Data Analysis, TDAmapper: Topological Data Analysis using Mapper 등이 제공되고 있다.

9.1 PythonMapper

PythonMapper는 Gurjeet Singh, Facundo Mémoli 그리고 Gunnar Carlsson이 고안 한 위상 데이터 분석 방법인 Mapper 알고리즘을 구현한 오픈 소스이다. Mapper 알고리즘만으로는 완전한 데이터 분석 도구 자체를 구성하지는 못하지만 (최소한으로) 필터 기능, Mapper 알고리즘 자체 및 결과 시각화를 포함하는 프로세싱 체인의 핵심 부분이다.

Python Mapper는 Daniel Müllner와 Aravindakshan Babu가 작성한 오픈소스 소프트웨어의 툴 체인의 실현이며 GNU GPLv3 라이센스로 배포되고 있다. PythonMapper를 설치하기 위해서는 먼저, Python과 wxPython, NumPy, SciPy, Graphviz 등의 여러 패키지들을 설치해야 한다.

9.1.1 PythonMapper의 Library 설치하기

PythonMapper를 설치 완료한 후에는 wxPython, NumPy, SciPy, Graphviz 등의 여러 패키지들을 설치 및 설정 과정을 진행해야 한다.

wxPython 설치하기

wxPython를 설치하기 위하여 wxPython 사이트 http://wxpython.org/download.php에서 32비트 또는 64비트 중에서 파이썬 버전에 맞게 다운로드한다.

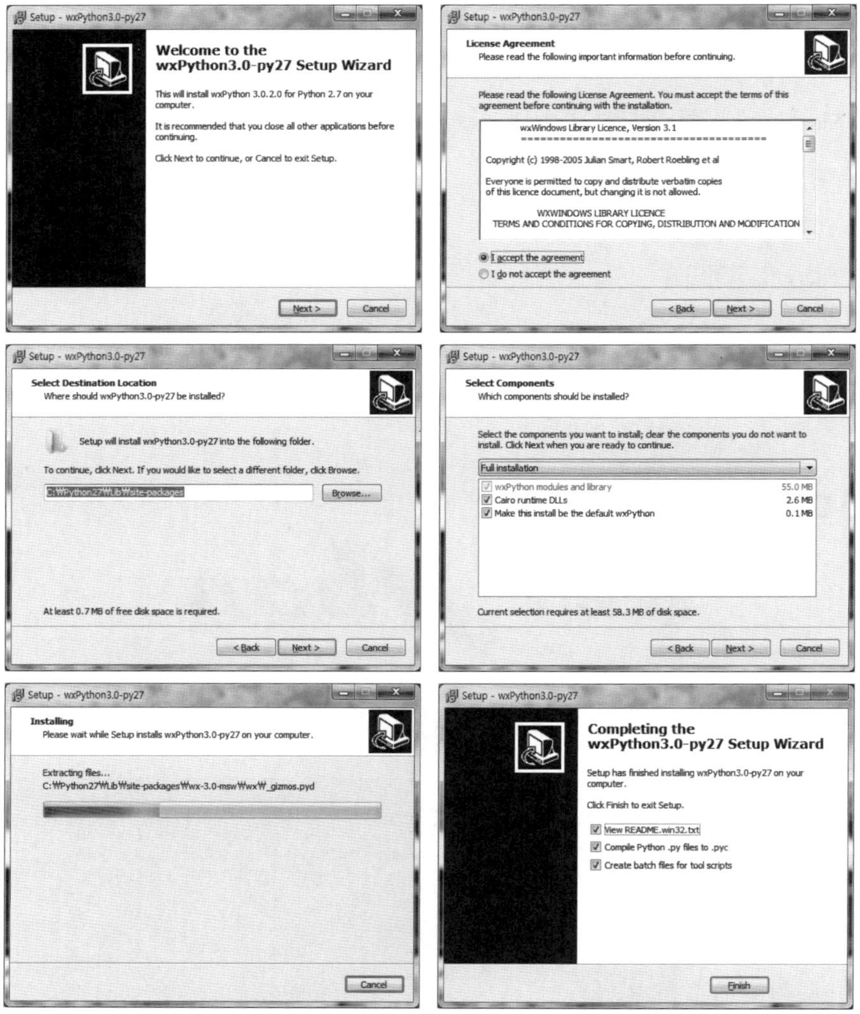
Setup - wxPython3.0-py27
Welcome to the wxPython3.0-py27 Setup Wizard
This will install wxPython 3.0.2.0 for Python 2.7 on your computer.
It is recommended that you close all other applications before continuing.
Click Next to continue, or Cancel to exit Setup.
Next >
Cancel
License Agreement
Please read the following important information before continuing.
Please read the following License Agreement. You must accept the terms of this agreement before continuing with the installation.
wxWindows Library Licence, Version 3.1
Copyright (c) 1998-2005 Julian Smart, Robert Roebling et al
Everyone is permitted to copy and distribute verbatim copies of this licence document, but changing it is not allowed.
WXWINDOWS LIBRARY LICENCE
TERMS AND CONDITIONS FOR COPYING, DISTRIBUTION AND MODIFICATION
I accept the agreement
I do not accept the agreement
< Back
Select Destination Location
Where should wxPython3.0-py27 be installed?
Setup will install wxPython3.0-py27 into the following folder.
To continue, click Next. If you would like to select a different folder, click Browse.
C:₩Python27₩Lib₩site-packages
Browse...
At least 0.7 MB of free disk space is required.
Select Components
Which components should be installed?
Select the components you want to install; clear the components you do not want to install. Click Next when you are ready to continue.
Full installation
wxPython modules and library 55.0 MB
Cairo runtime DLLs 2.6 MB
Make this install be the default wxPython 0.1 MB
Current selection requires at least 58.3 MB of disk space.
Installing
Please wait while Setup installs wxPython3.0-py27 on your computer.
Extracting files...
C:₩Python27₩Lib₩site-packages₩wx-3.0-msw₩wx₩_gizmos.pyd
Completing the wxPython3.0-py27 Setup Wizard
Setup has finished installing wxPython3.0-py27 on your computer.
Click Finish to exit Setup.
View README.win32.txt
Compile Python .py files to .pyc
Create batch files for tool scripts
Finish

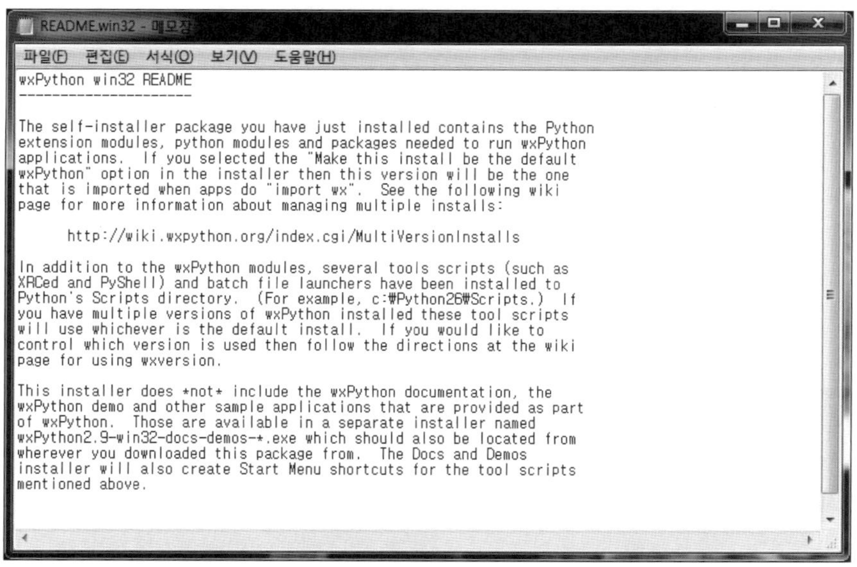
README.win32 - 메모장
파일(F) 편집(E) 서식(O) 보기(V) 도움말(H)
wxPython win32 README

The self-installer package you have just installed contains the Python extension modules, python modules and packages needed to run wxPython applications. If you selected the "Make this install be the default wxPython" option in the installer then this version will be the one that is imported when apps do "import wx". See the following wiki page for more information about managing multiple installs:
http://wiki.wxpython.org/index.cgi/MultiVersionInstalls
In addition to the wxPython modules, several tools scripts (such as XRCed and PyShell) and batch file launchers have been installed to Python's Scripts directory. (For example, c:₩Python26₩Scripts.) If you have multiple versions of wxPython installed these tool scripts will use whichever is the default install. If you would like to control which version is used then follow the directions at the wiki page for using wxversion.
This installer does *not* include the wxPython documentation, the wxPython demo and other sample applications that are provided as part of wxPython. Those are available in a separate installer named wxPython2.9-win32-docs-demos-*.exe which should also be located from wherever you downloaded this package from. The Docs and Demos installer will also create Start Menu shortcuts for the tool scripts mentioned above.

NumPy와 SciPy 패키지 다운로드

NumPy 패키지와 SciPy 패키지를 다운로드함. NumPy 패키지는 사이트 http://www.lfd.uci.edu/~gohlke/pythonlibs/#numpy에서 다운로드한다. SciPy 패키지는 사이트 http://www.lfd.uci.edu/~gohlke/pythonlibs/#scipy에서 다운로드하여 C:\Python27\Script 폴더에 저장한다.

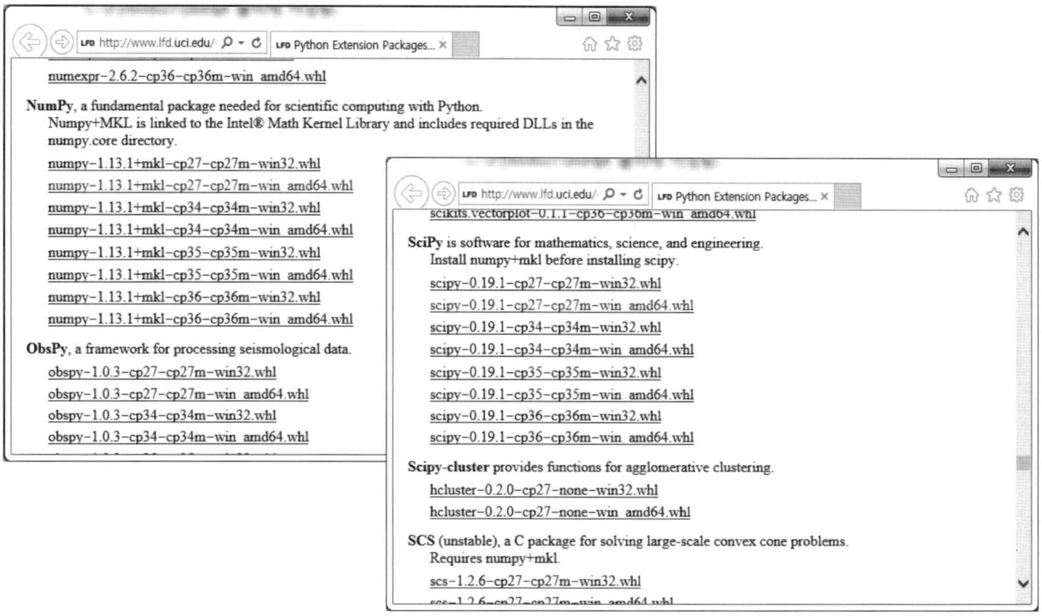

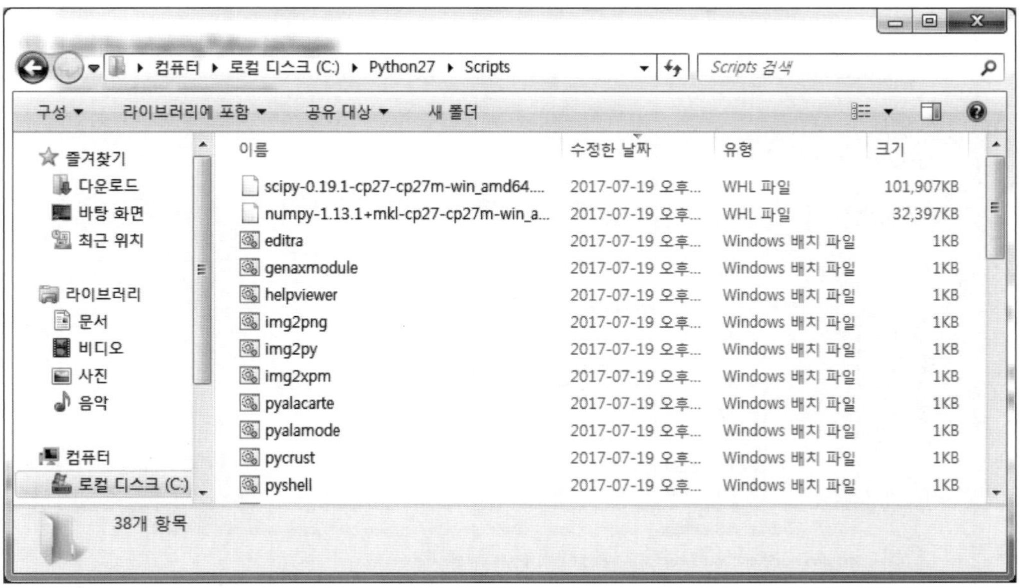

Graphviz 설치하기

Graphviz를 사이트 http://www.graphviz.org/Download.php에서 접속하여 다운로드한다.

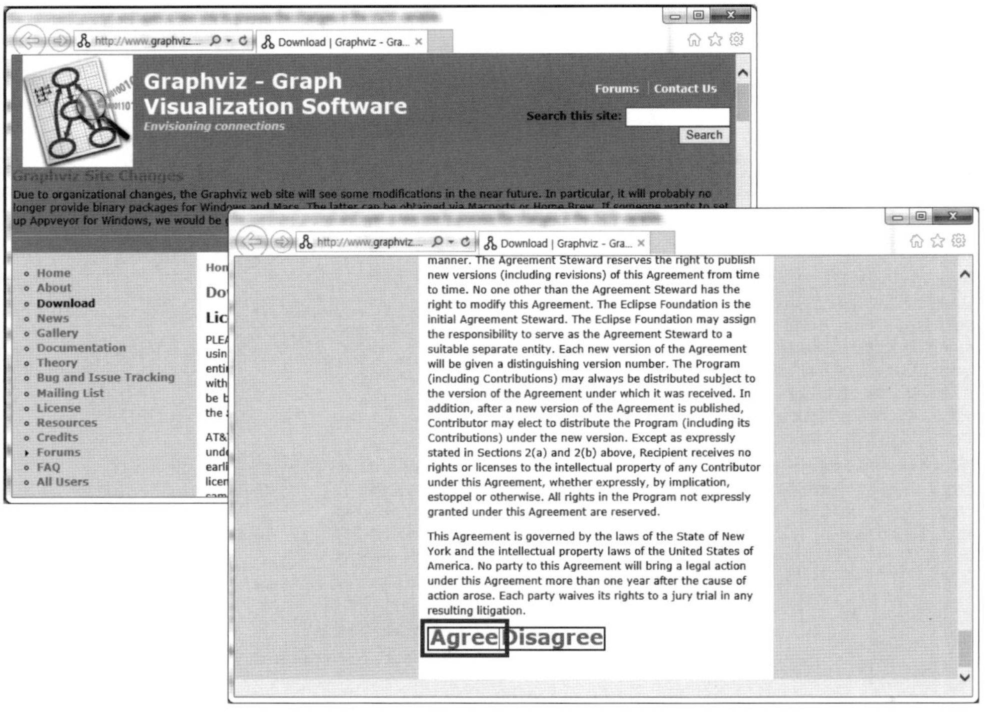

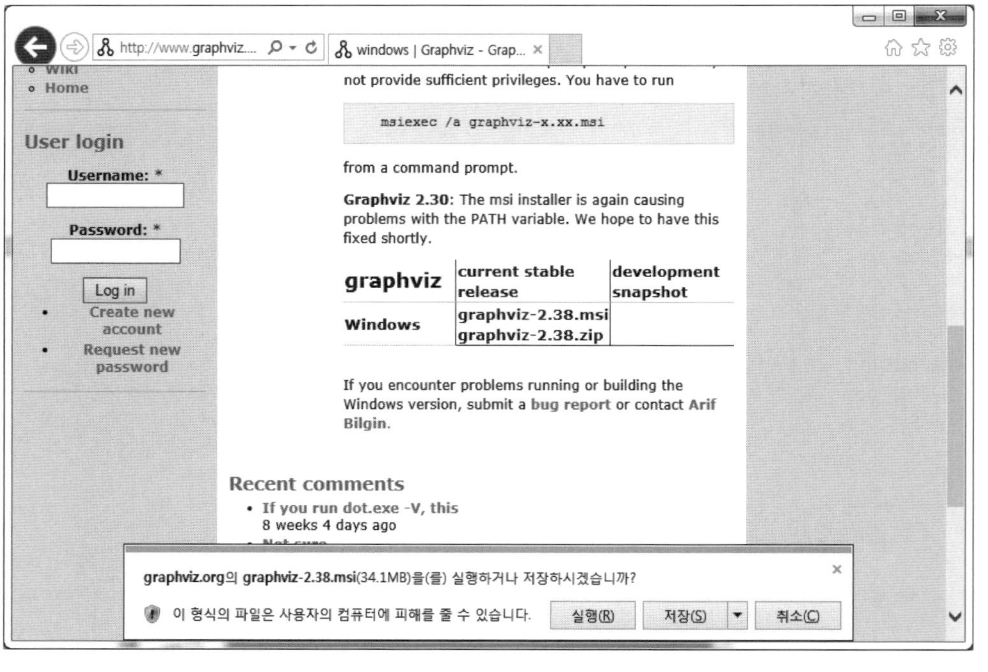

다운로드한 Graphviz 파일을 실행시키면 다음과 같이 진행된다.

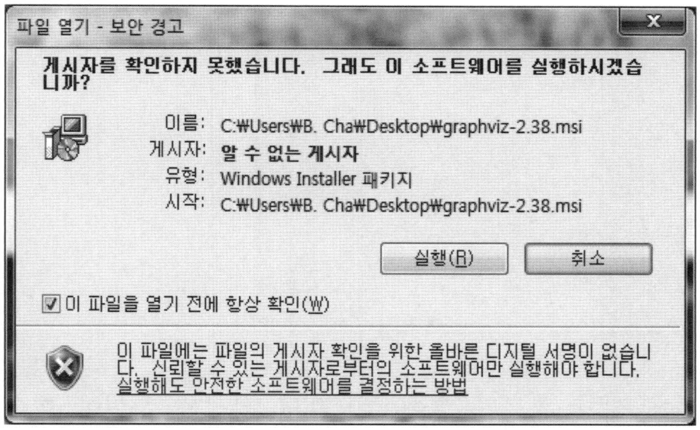

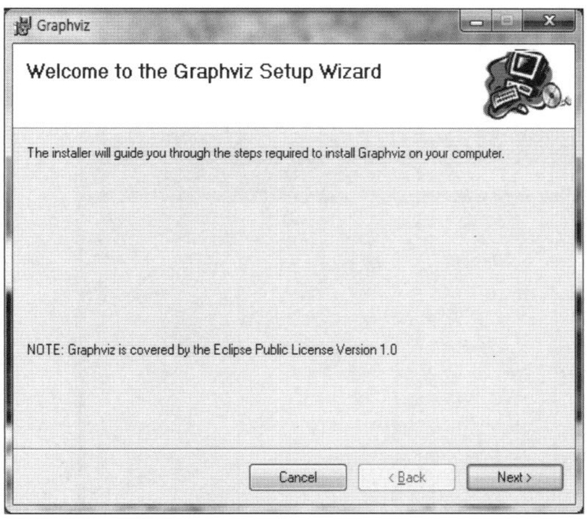

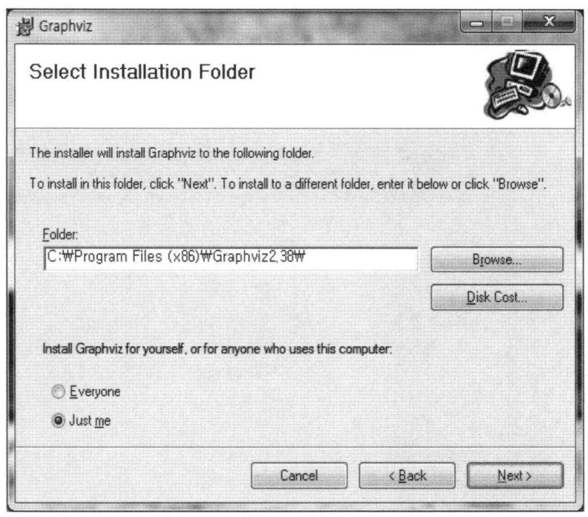

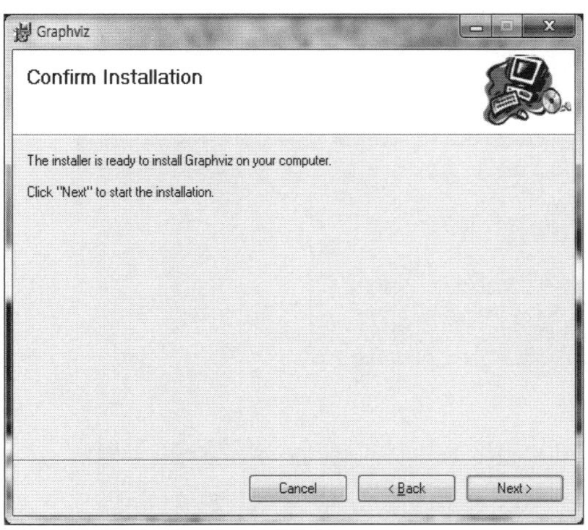

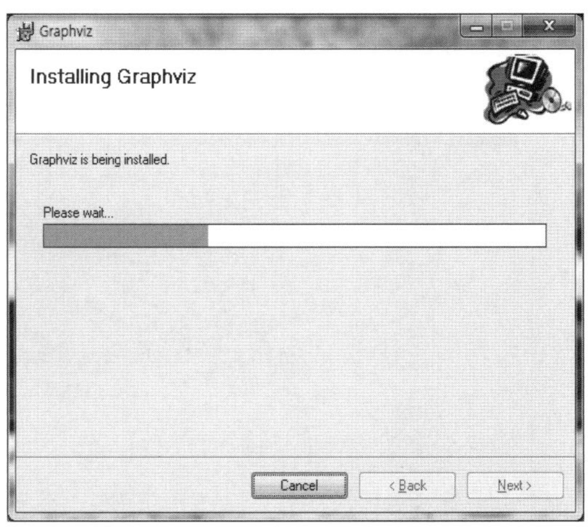

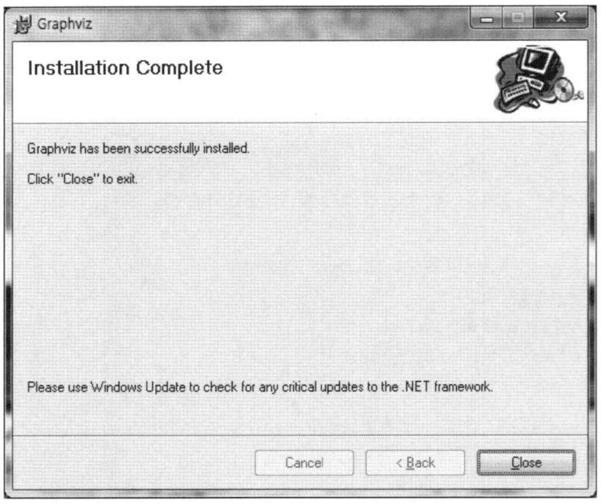

Graphviz 설치 완료된 후에는 PATH 설정을 하여야 한다. Graphviz 폴더의 위치(C:\Program Files (x86)\Graphviz2.38\bin)를 확인 한 후에, 시스템 변수 편집의 PATH 변수에 Graphviz 폴더의 위치를 추가한다.

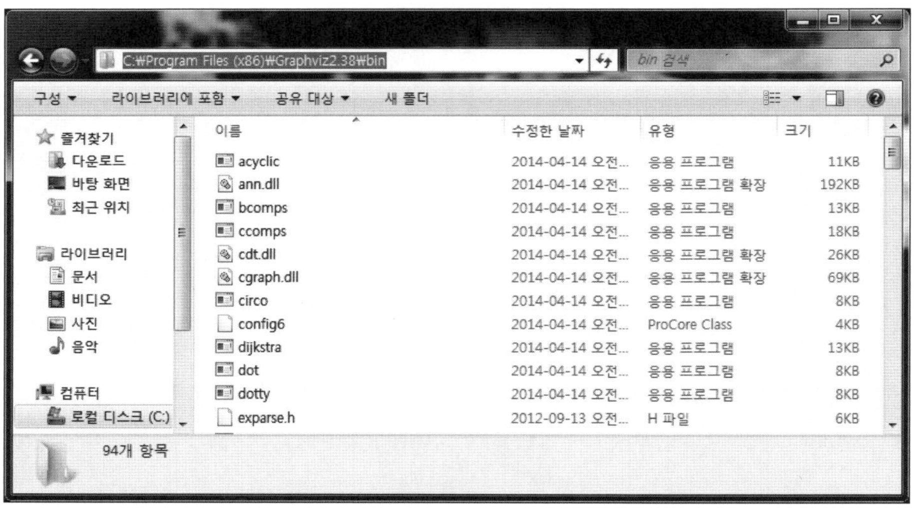

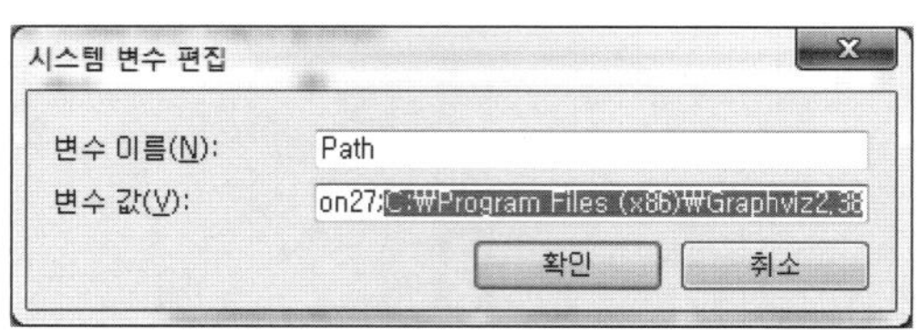

설정을 완료한 후에는 테스트하기 위하여 CMD 윈도우에서 다음의 명령을 입력한다. 정확한 설정이 완료되었다면, 다음의 그림과 같은 출력을 확인할 수 있게 된다.

```
>neato -?
```

```
C:\Windows\system32\cmd.exe
Microsoft Windows [Version 6.1.7601]
Copyright (c) 2009 Microsoft Corporation. All rights reserved.

C:\Users\B. Cha>neato -?
Usage: neato [-Vv?] [-(GNE)name=val] [-(KTlso)<val>] <dot files>
(additional options for neato)    [-x] [-n<v>]
(additional options for fdp)      [-L(gO)] [-L(nUCT)<val>]
(additional options for memtest)  [-m<v>]
(additional options for config)  [-cv]

 -V          - Print version and exit
 -v          - Enable verbose mode
 -Gname=val  - Set graph attribute 'name' to 'val'
 -Nname=val  - Set node attribute 'name' to 'val'
 -Ename=val  - Set edge attribute 'name' to 'val'
 -Tv         - Set output format to 'v'
 -Kv         - Set layout engine to 'v' (overrides default based on command name
)
 -lv         - Use external library 'v'
 -ofile      - Write output to 'file'
 -O          - Automatically generate an output filename based on the input file
name with a .'format' appended. (Causes all -ofile options to be ignored.)
 -P          - Internally generate a graph of the current plugins.
 -q[l]       - Set level of message suppression (=1)
 -s[v]       - Scale input by 'v' (=72)
 -y          - Invert y coordinate in output

 -n[v]       - No layout mode 'v' (=1)
 -x          - Reduce graph

 -Lg         - Don't use grid
 -LO         - Use old attractive force
 -Ln<i>      - Set number of iterations to i
 -LU<i>      - Set unscaled factor to i
 -LC<v>      - Set overlap expansion factor to v
 -LT[*]<v>   - Set temperature (temperature factor) to v

 -m          - Memory test (Observe no growth with top. Kill when done.)
 -m[v]       - Memory test - v iterations.

 -c          - Configure plugins (Writes $prefix/lib/graphviz/config
               with available plugin information.  Needs write privilege.)
 -?          - Print usage and exit

C:\Users\B. Cha>_
```

설정을 완료한 후에는, C://Python27/Scripts 폴더로 이동한 후에 다음의 명령을 입력한다.

>pip install wheel

```
C:\Windows\system32\cmd.exe
Microsoft Windows [Version 6.1.7601]
Copyright (c) 2009 Microsoft Corporation. All rights reserved.

C:\Users\B. Cha>cd /d c:\Python27\Scripts

c:\Python27\Scripts>pip install wheel
Collecting wheel
  Downloading wheel-0.29.0-py2.py3-none-any.whl (66kB)
    100% |################################| 71kB 327kB/s
Installing collected packages: wheel
Successfully installed wheel-0.29.0

c:\Python27\Scripts>
```

이전에 다운로드한 NumPy와 SciPy 패키지를 다음의 화면과 같이 입력하여 설치를 수행한다.

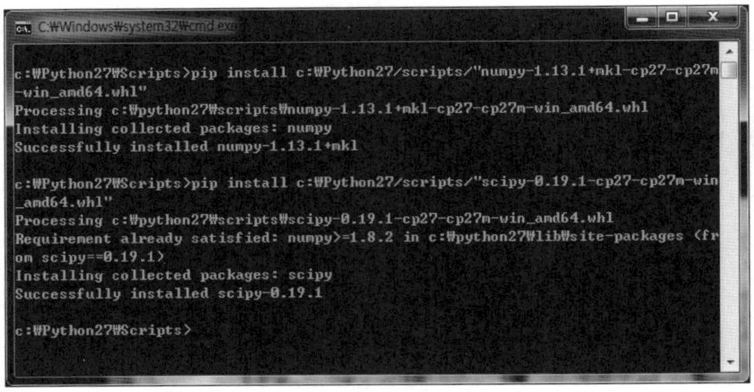

추가적인 패키지들 또한 다음의 화면과 같이 입력하여 설치를 완료한다.

```
>pip install matplotlib pyopengl fastcluster mapper cmappertools
```

PythonMapper 실행하기

PythonMapper 를 위한 모든 패키지의 설치가 완료되었으므로, 다음의 명령어를 입력하여 수행하면, PythonMapper의 GUI가 나타나게 된다.

```
> MapperGUI.py
```

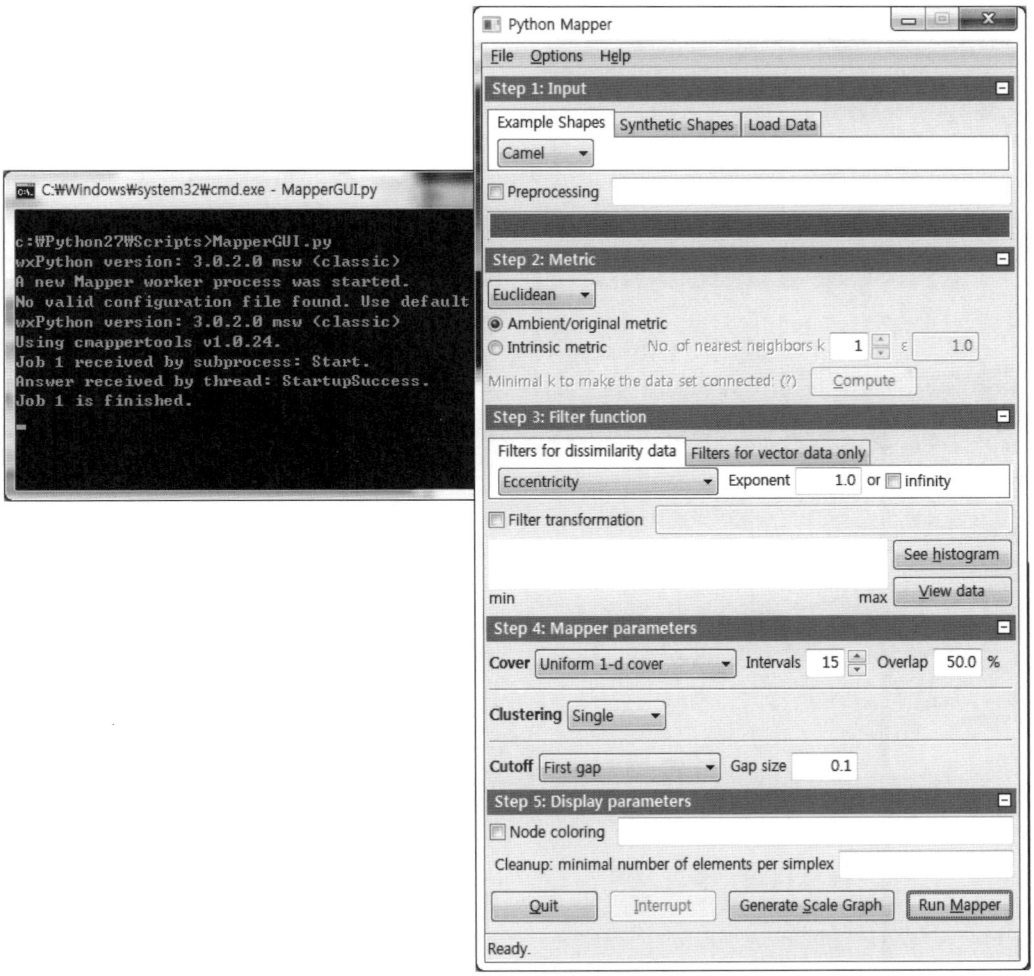

PythonMapper GUI의 Step 1: Input 항목에서 Example Shapes의 리스트 뷰에서 Flamingo를 선택하고, Step 3: Filter function 항목에서 See histogram 버튼을 클릭하면 히스토그램이 생성된다. 더불어, View data 버튼을 클릭하면 플라멩고의 3차원 이미지 데이터를 확인할 수 있다.

Python Mapper
File Options Help
Step 1: Input
Example Shapes
Synthetic Shapes
Load Data
Flamingo
Preprocessing
Data type: vector data, number of points: 26907, dimensionality: 3.
Step 2: Metric
Euclidean
Ambient/original metric
Intrinsic metric
No. of nearest neighbors k
1
ε
1.0
Minimal k to make the data set connected: (?)
Compute
Step 3: Filter function
Filters for dissimilarity data
Filters for vector data only
Eccentricity
Exponent
1.0
or
infinity
Filter transformation
See histogram
0.365015756914
0.571806423924
View data
Step 4: Mapper par
Cover
Uniform 1-d c
Clustering
Single
Cutoff
First gap
Step 5: Display para
Node coloring
Cleanup: minimal nu
Quit
Display input data.
Mapper input data
View

9.2 TDAmapper: Topological Data Analysis using Mapper

데이터 집합을 분석하기 위하여 2007년 G. Singh, F. Memoli, 그리고 G. Carlsson에 제안된 Mapper 알고리즘과 이산 모스 이론을 사용한 R 패키지이다.

9.2.1 R 설치하기

R 패키지의 사이트 https://cran.r-project.org/bin/windows/base/에 접속하며, 시스템에 적합한 버전의 R 패키지를 다운로드 한다.

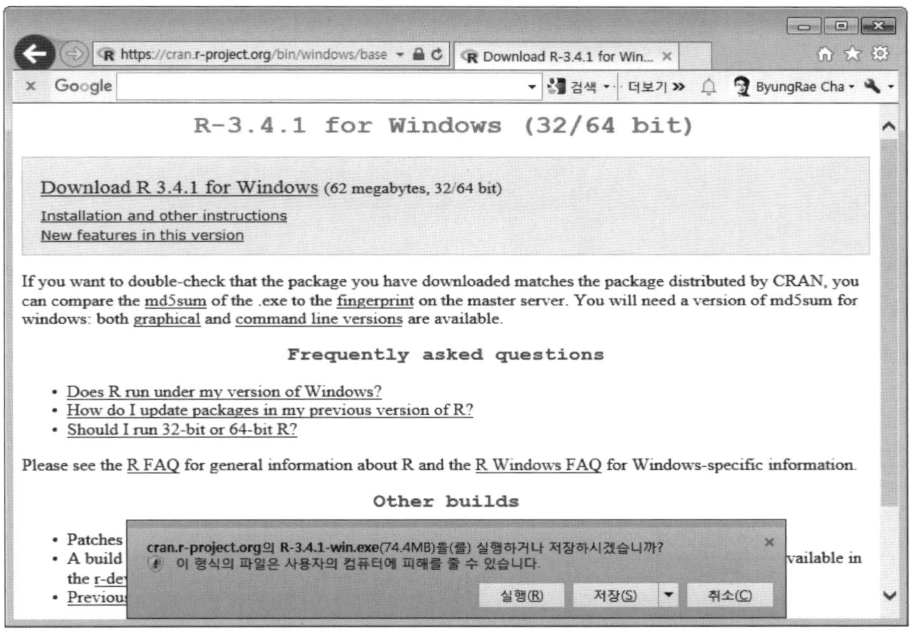

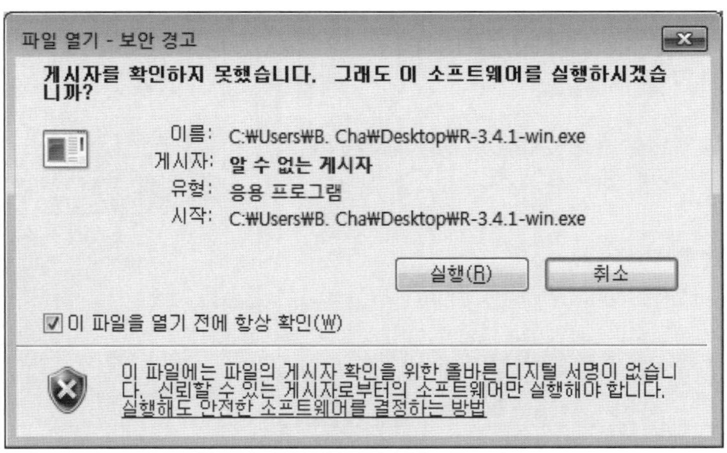

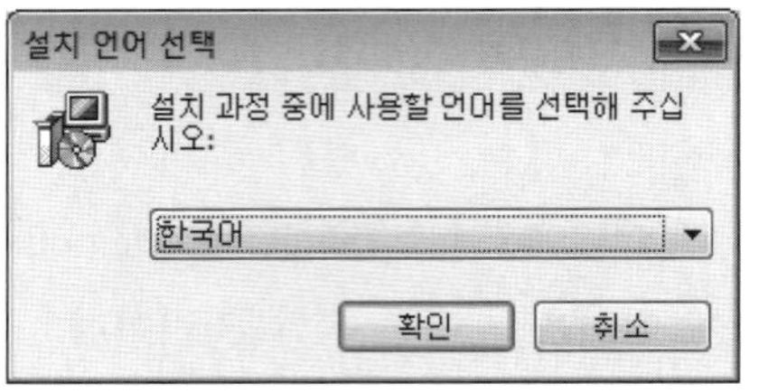

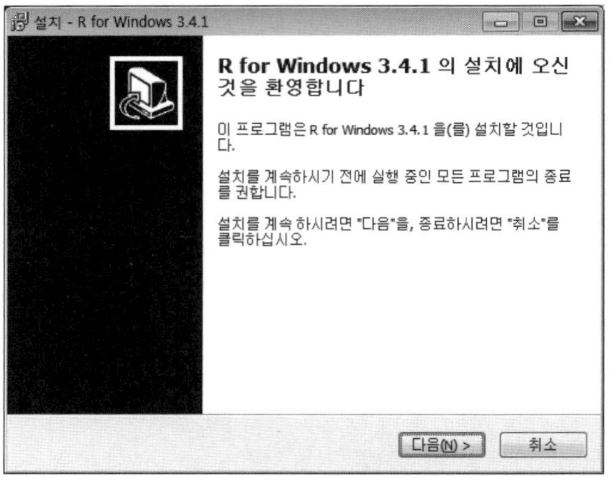

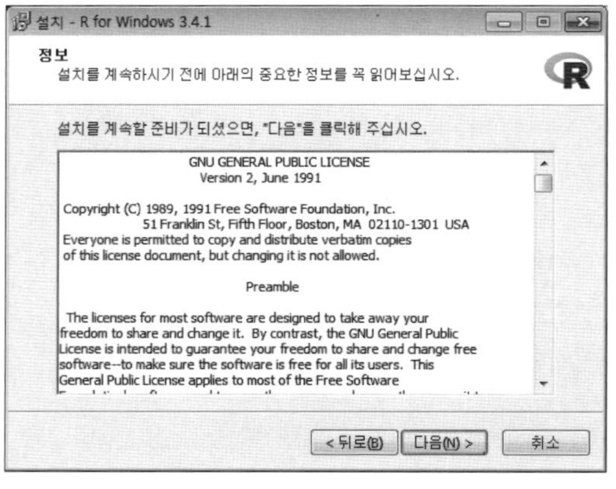

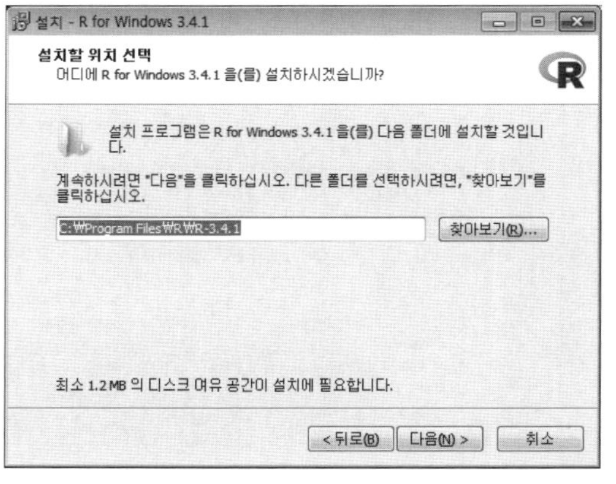

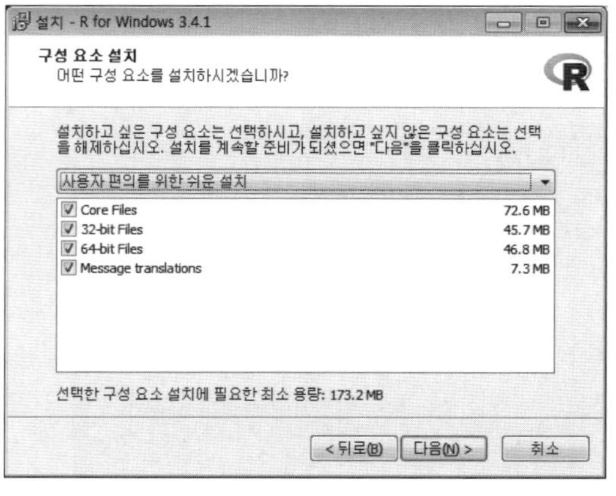

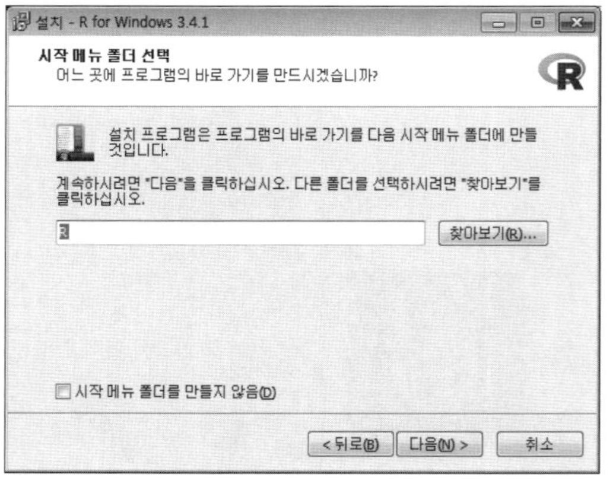

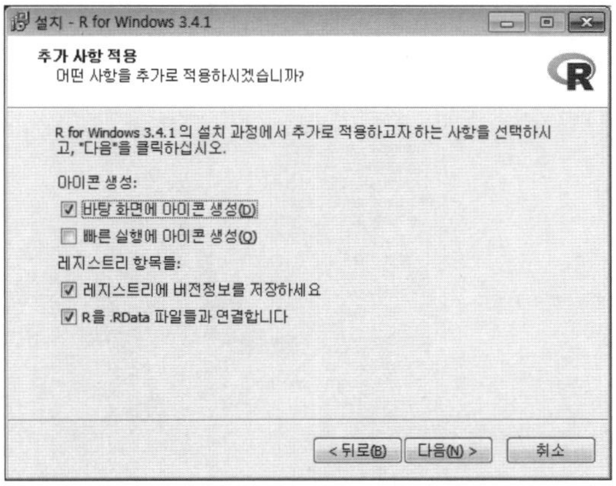

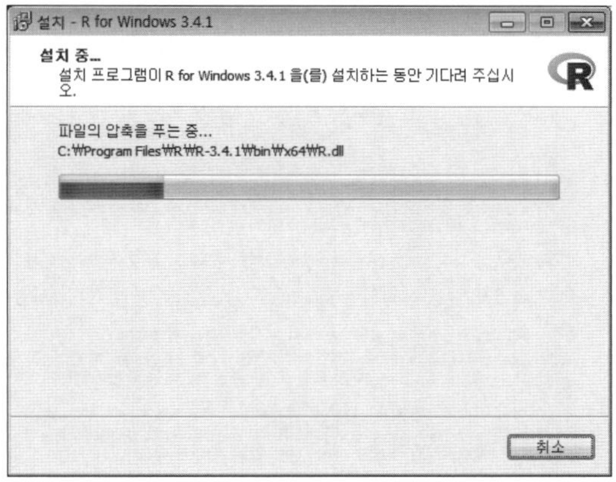

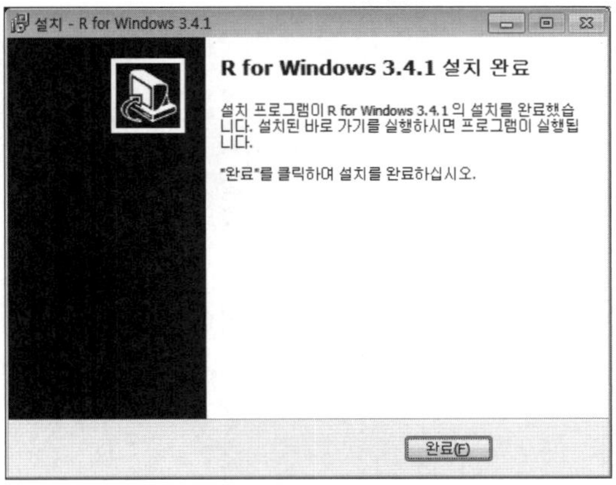

9.2.2 관련 패키지 설치하기

TDAmapper 패키지 설치하기

CRAN으로부터 현재 R의 TDAmapper 패키지의 안정적인 버전을 설치하기 위하여 다음의 명령어를 입력하고, CRAN 미러를 선택한다.

```
> install.packages("devtools")
```

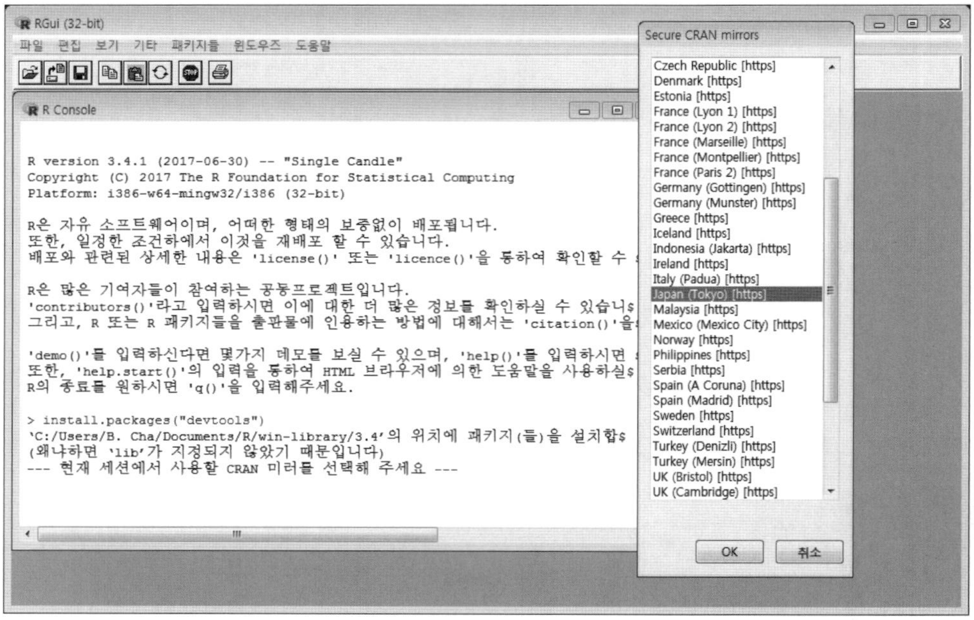

설치가 완료되면 다음의 콘솔과 같이 설치 결과를 출력하게 됨. 설치된 라이브러리를 호출하기 위하여 다음의 명령어를 수행한다.

```
> library(devtools)
> devtools::install_github("paultpearson/TDAmapper")
> library(TDAmapper)
```

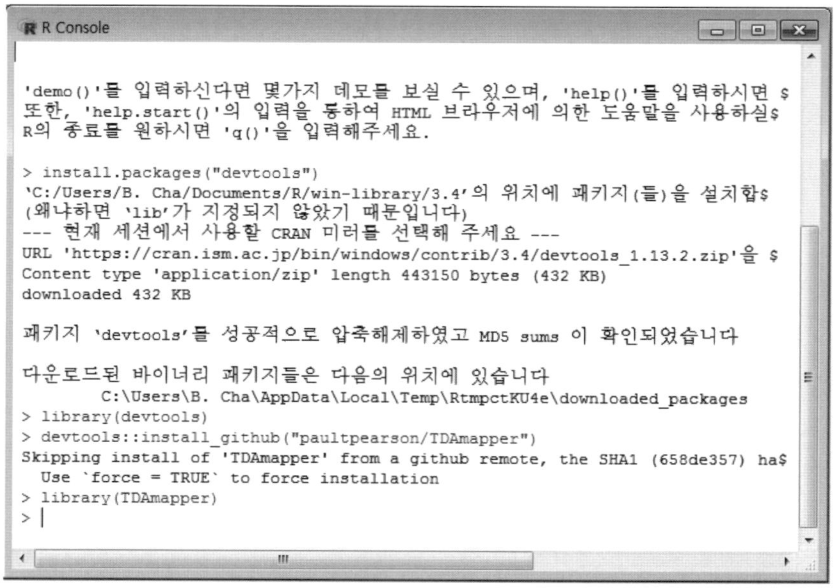

9.2.3 TDAmapper의 예제들

Using mapper1D to identify a figure

다음의 R 코드를 입력하면, 코드 아래의 그림과 같은 결과를 얻을 수 있다.

Source Code

```
# The fastcluster package is not necessary.  By loading the
# fastcluster package, the fastcluster::hclust() function
# automatically replaces the slower stats::hclust() function
# whenever hclust() is called.
install.packages("fastcluster")
require(fastcluster)

m1 <- mapper1D(
        distance_matrix = dist(data.frame( x=2*cos(0.5*(1:100)), y=sin(1:100) )),
        filter_values = 2*cos(0.5*(1:100)),
        num_intervals = 10,
        percent_overlap = 50,
        num_bins_when_clustering = 10)

# The igraph package is necessary to view simplicial complexes
# (undirected graph) resulting from mapper1D().
install.packages("igraph")
library(igraph)

g1 <- graph.adjacency(m1$adjacency, mode="undirected")
plot(g1, layout = layout.auto(g1) )
```

Result

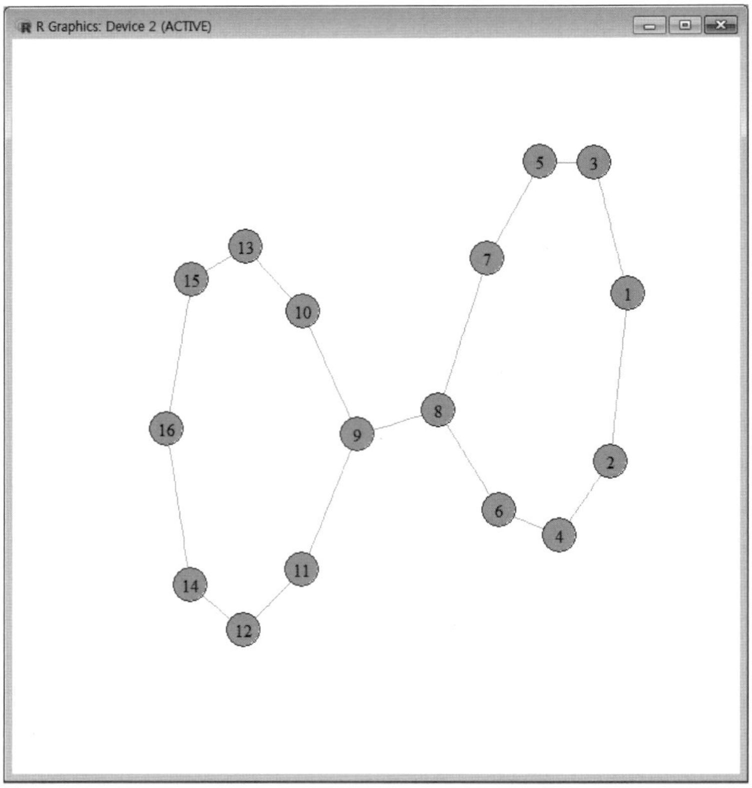

Using mapper2D to identify an oval as S^1

다음의 코드를 입력하면, 코드 아래의 그림과 같은 결과를 얻을 수 있다.

Source Code

```
m2 <- mapper2D(
        distance_matrix = dist(data.frame( x=2*cos(1:100), y=sin(1:100) )),
        filter_values = list( 2*cos(1:100), sin(1:100) ),
        num_intervals = c(5,5),
        percent_overlap = 50,
        num_bins_when_clustering = 10)

g2 <- graph.adjacency(m2$adjacency, mode="undirected")
plot(g2, layout = layout.auto(g2) )
```

Result

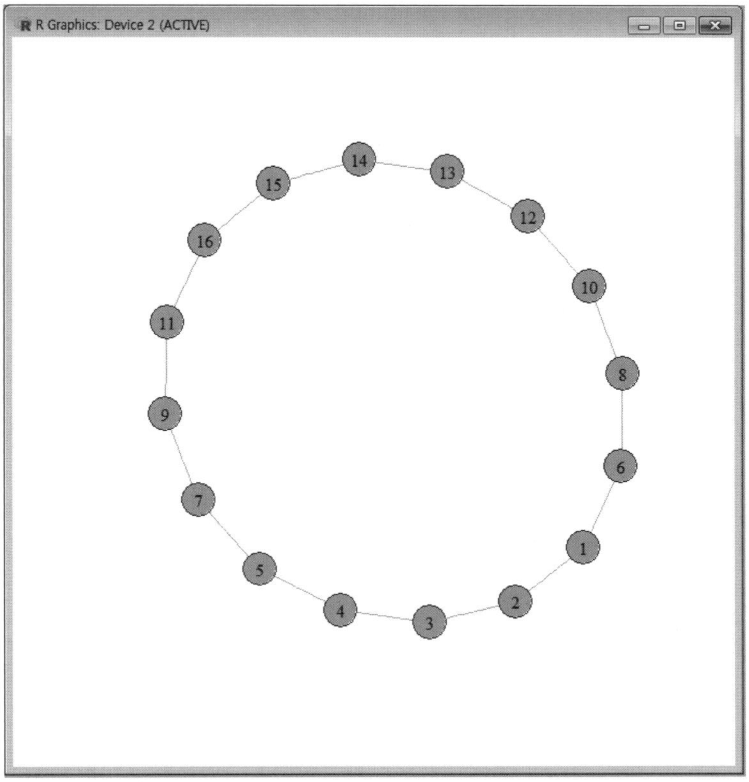

using mapper1D to identify two independent spirals as two line segments

다음의 코드를 입력하면, 코드 아래의 그림과 같은 결과를 얻을 수 있다.

Source Code

```
# sample points from two intertwined spirals
set.seed("1")
t <- runif(100, min=1, max=6.3) # theta
X <- data.frame( x = c( t*cos(t), -t*cos(t) ), y = c( t*sin(t), -t*sin(t) ) )
d <- dist(X)
plot(X[,1], X[,2])

filter <- X[,2] # height projection
num_intervals <- 10
```

```
percent_overlap <- 50
num_bins_when_clustering <- 10

m3 <- mapper1D(
        distance_matrix = d,
        filter_values = filter,
        # num_intervals = 10, # use default
        # percent_overlap = 50, # use default
        # num_bins_when_clustering = 10 # use default
        )

g3 <- graph.adjacency(m3$adjacency, mode="undirected")
plot(g3, layout = layout.auto(g3) )
```

Result

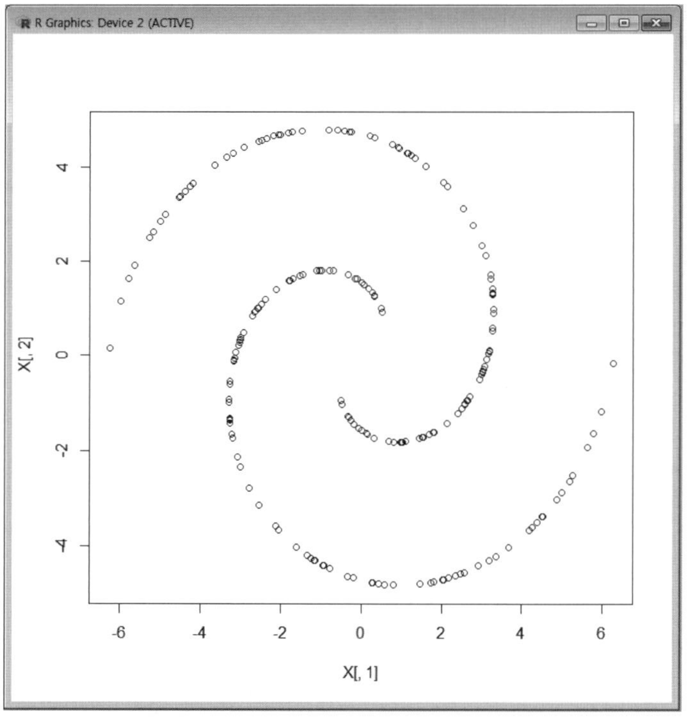

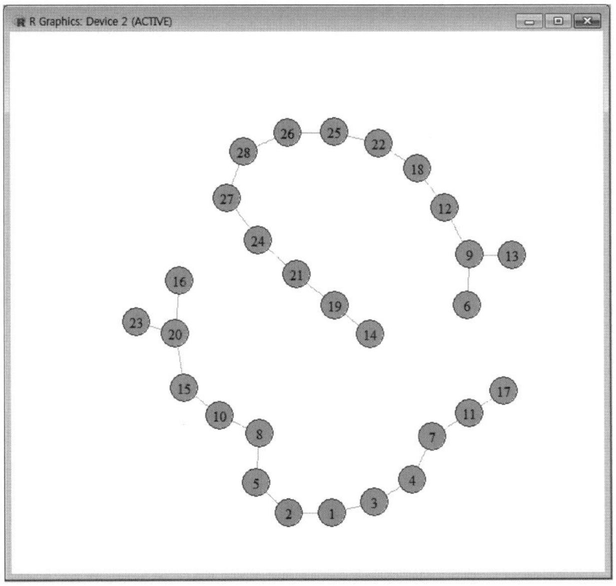

Interactive 2D graphs using tkplot from igraph

다음의 코드를 입력하면, 코드 아래의 그림과 같은 결과를 얻을 수 있다.

Source Code

```
# parametrize a trefoil knot
n <- 100
t <- 2*pi*(1:n)/n
X <- data.frame(x = sin(t)+2*sin(2*t),
                y = cos(t)-2*cos(2*t),
                z = -sin(3*t))
f <- X

library(rgl)
plot3d(X$x, X$y, X$z)

# library(igraph)

m4 <- mapper(dist(X), f[,1], 5, 50, 5)
g4 <- graph.adjacency(m4$adjacency, mode="undirected")
plot(g4, layout = layout.auto(g4) )
m4$points_in_vertex

library(igraph)
tkplot(g4)
```

Result

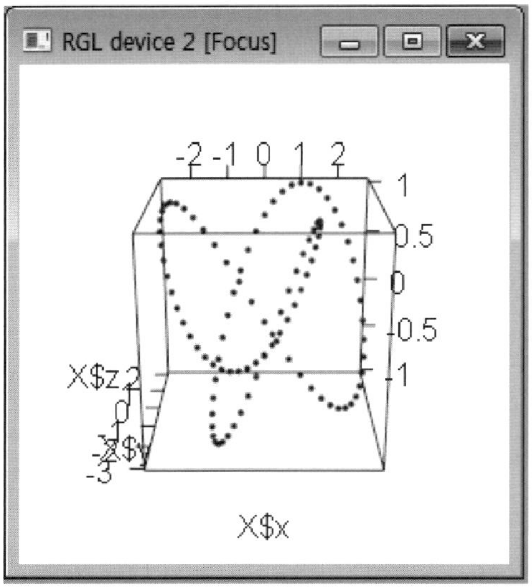
RGL device 2 [Focus]
-2 -1 0 1 2
1
0.5
0
-0.5
-1
X$z
X$x

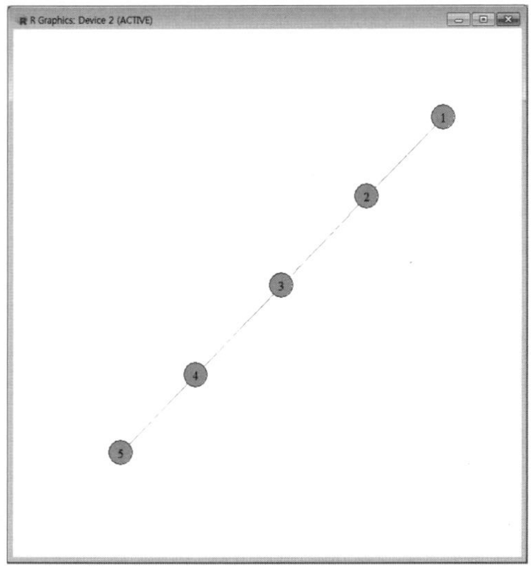
R Graphics: Device 2 (ACTIVE)
1
2
3
4
5

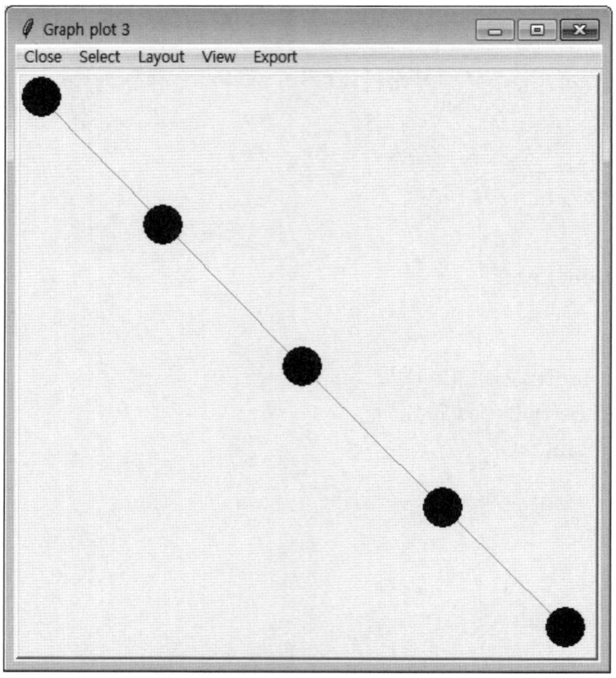
Graph plot 3
Close Select Layout View Export

Interactive graphs using networkD3

다음의 코드를 입력하면, 코드 아래의 그림과 같은 결과를 얻을 수 있다.

Source Code

```
# use the github version so that vertices stay on the canvas
library(devtools)
devtools::install_github("christophergandrud/networkD3")
library(networkD3)

# parametrize a trefoil knot
n <- 100
t <- 2*pi*(1:n)/n
X <- data.frame(x = sin(t)+2*sin(2*t),
                y = cos(t)-2*cos(2*t),
                z = -sin(3*t))
f <- X

m5 <- mapper(dist(X), f, c(3,3,3), c(30,30,30), 5)
g5 <- graph.adjacency(m5$adjacency, mode="undirected")
plot(g5, layout = layout.auto(g5) )
tkplot(g5)

# create data frames for vertices and edges with the right variable names
MapperNodes <- mapperVertices(m5, 1:dim(f)[1] )
MapperLinks <- mapperEdges(m5)

# interactive plot
forceNetwork(Nodes = MapperNodes, Links = MapperLinks,
            Source = "Linksource", Target = "Linktarget",
            Value = "Linkvalue", NodeID = "Nodename",
            Group = "Nodegroup", opacity = 0.8,
            linkDistance = 10, charge = -400)
```

Result

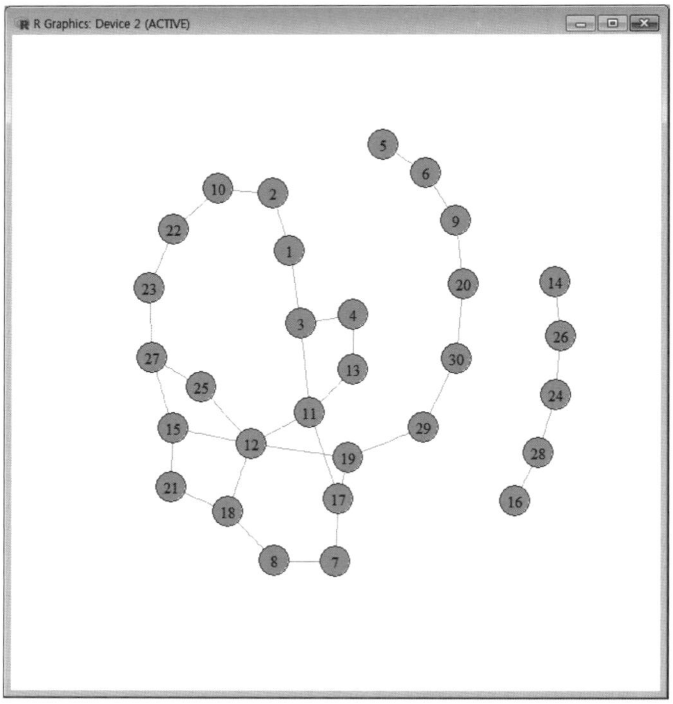
R Graphics: Device 2 (ACTIVE)
5
6
10
2
9
22
1
23
20
14
3
4
26
27
30
13
25
24
11
29
15
12
19
28
21
17
16
18
8
7

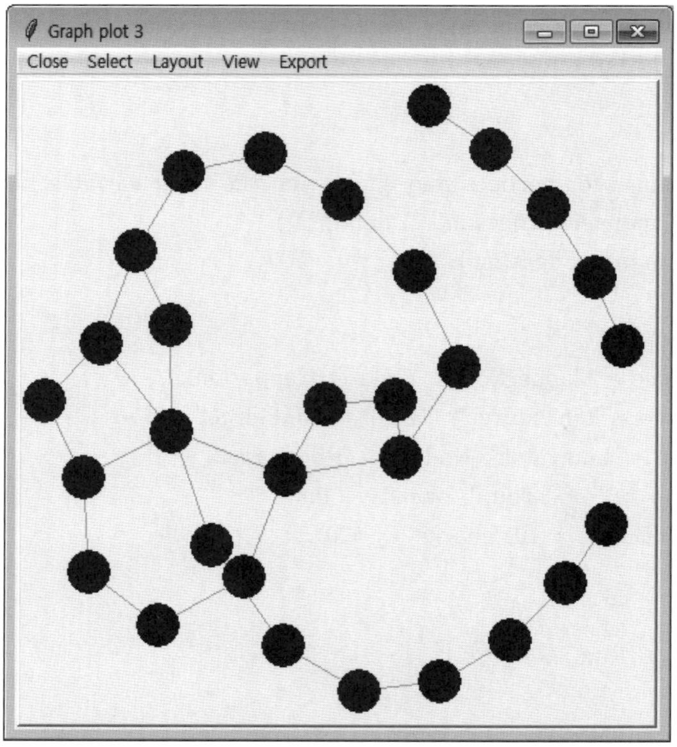
Graph plot 3
Close Select Layout View Export

참고사항 - H/W Spec의 문제

CPU 성능 문제

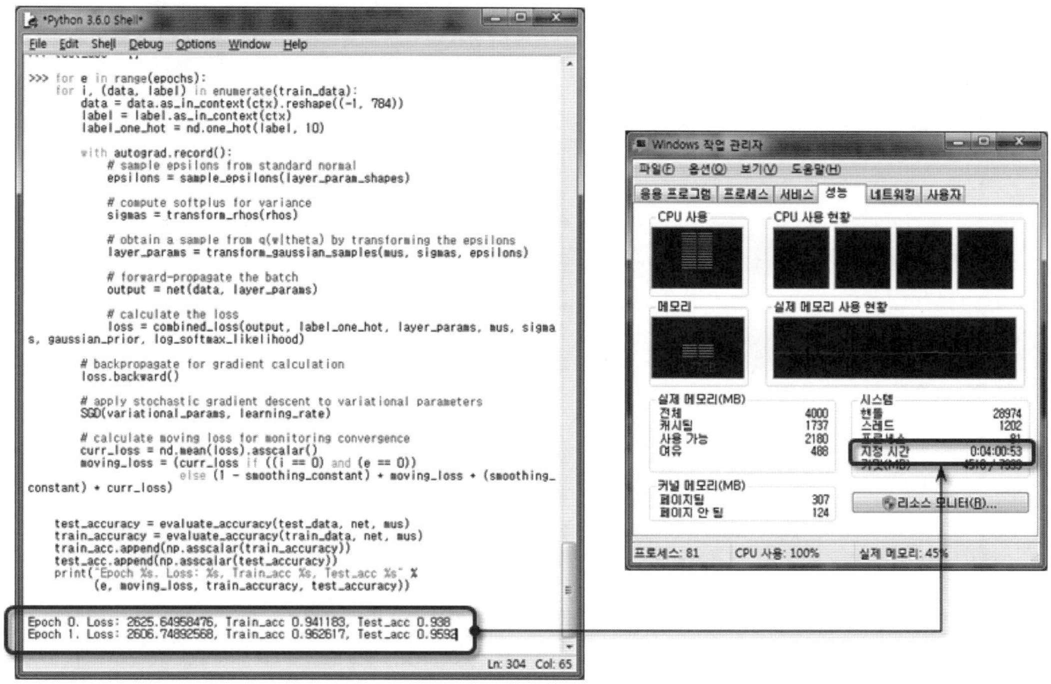

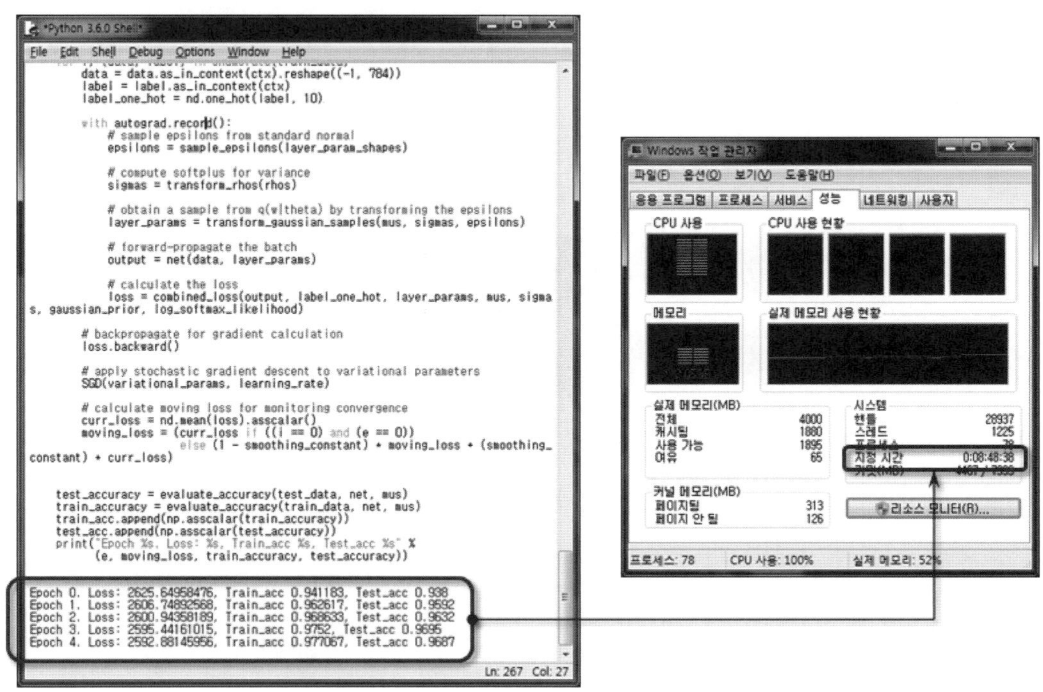

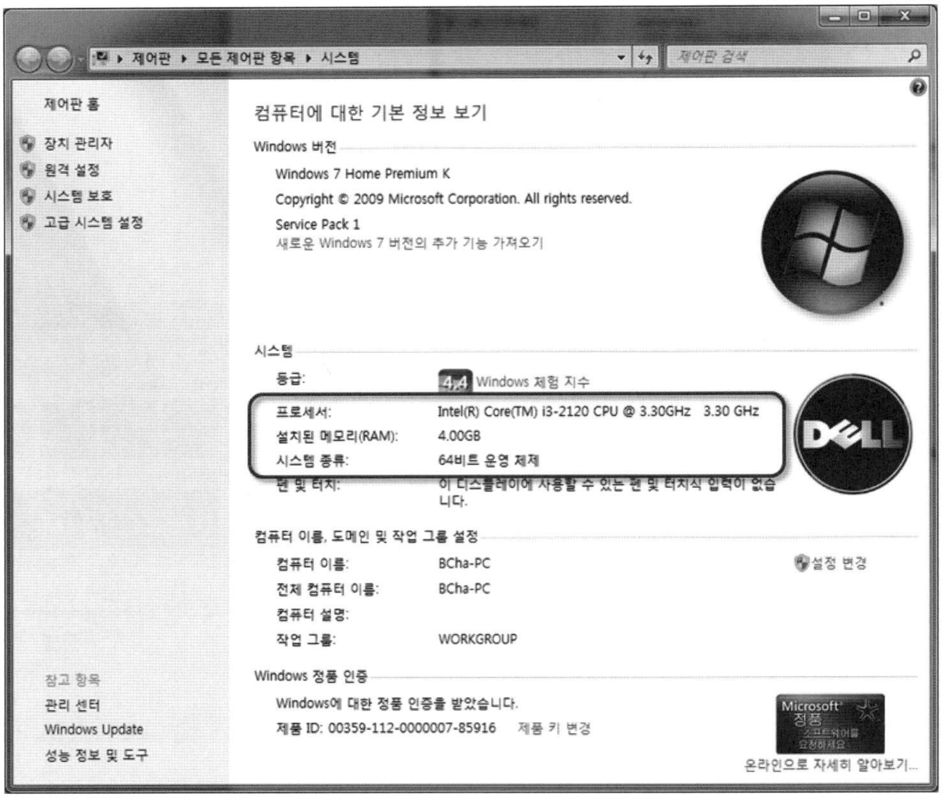

시스템 SW 문제

Windows 7 등의 운영체제에서 시스템 문제가 발생하면 다음의 SW를 검색 및 다운로드하여 설치하면 된다.

참고문헌

[1] 타리크 라시드 지음, 송교석 옮김, "신경망 첫걸음," 한빛미디어, 2017.

[2] 아미트 사하 지음, 정사범 옮김, "파이썬으로 풀어보는 수학," 에이콘, 2016.

[3] 사이토 고키 지음, 개앞맵시 옮김 "밑바닥부터 시작하는 딥러닝", 한빛미디어, 2017.

[4] 김주현, "파이썬의 신", 로드북, 2016.

[5] MXNet, https://mxnet.apache.org/

MXNet을 활용한
신경망 학습

인 쇄 | 2019년 2월 15일
발 행 | 2019년 2월 20일

저 자 | 신병춘·차병래
발행인 | 정병석
발행처 | 전남대학교출판문화원

등록 | 1981. 5. 21. 제53호
주소 | 61186 광주광역시 북구 용봉로 77
전화 | (062) 530-0571~2 마케팅 530-0573
팩스 | (062) 530-0579
홈페이지 | http://www.cnup.co.kr
이메일 | cnup0571@hanmail.net

값 13,000원

ISBN 978-89-6849-596-0 (93000)

이 도서의 국립중앙도서관 출판예정도서목록(CIP)은
서지정보유통지원시스템 홈페이지(http://seoji.nl.go.kr)와
국가자료공동목록시스템(http://www.nl.go.kr/kolisnet)에서 이용하실 수 있습니다.
(CIP제어번호 : CIP2019003791)